AF532068

Heinrich Hemme

100 mathematische Rätsel

Heinrich Hemme

100 mathematische Rätsel mit ausführlichen Lösungen

Einfach, mittel, schwer

Anaconda

Dieser Band erschien zuerst 2011 unter dem Titel
Der Mathe-Jogger 2
bei Vandenhoeck & Ruprecht in Göttingen.

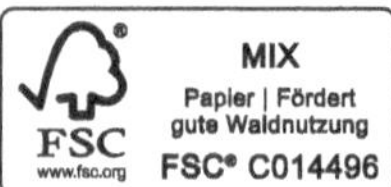

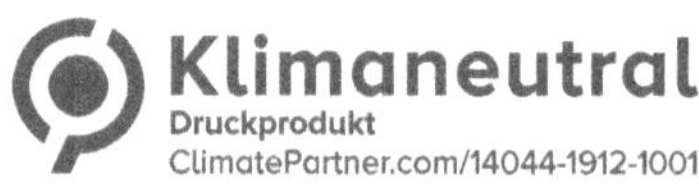

Penguin Random House Verlagsgruppe FSC® N001967

Die Deutsche Nationalbibliothek verzeichnet diese Publikation in der Deutschen Nationalbibliografie; detaillierte bibliografische Daten sind im Internet unter http://dnb.d-nb.de abrufbar.

Umschlaggestaltung: Druckfrei.
Dagmar Herrmann, Bad Honnef, unter Verwendung
von Illustrationen aus dem Innenteil
Satz und Layout: Vornehm Mediengestaltung GmbH, München
Druck und Bindung: GGP Media GmbH, Pößneck
Printed in Germany
ISBN 978-3-7306-1369-6

www.anacondaverlag.de

Vorwort der 1. Auflage

Das *Système international d'unités,* kurz SI-System genannt, ist das in fast der ganzen Welt benutzte Maßeinheitensystem. Alle seine Einheiten lassen sich durch Multiplikationen mit glatten Zehnerpotenzen in kleinere und größere Einheiten umrechnen. So ist beispielsweise ein Zentimeter gerade 10^{-2} Meter und ein Kilometer 10^3 Meter. Das ist für das tägliche Leben sehr praktisch, aber für Rätsel und Knobeleien nicht besonders ergiebig. Eine physikalische Größe aber hat diese Vereinfachungen nicht mitgemacht und hält hartnäckig an uralten und unpraktischen Einheiten fest. Es ist die Zeit. So ergeben auch heute noch, trotz des SI-Systems, 60 Sekunden eine Minute, 60 Minuten eine Stunde, 24 Stunden einen Tag, sieben Tage eine Woche, 28 bis 31 Tage einen Monat und 365 oder 366 Tage ein Jahr. Dieser komplizierte Aufbau der Zeiteinheiten lädt geradezu ein, daraus Rätsel und Probleme zu schaffen. Dem konnte auch der Dichter Johann Wolfgang von Goethe nicht widerstehen. Am 2. Februar 1802 schickte er Friedrich Schiller ein Kalenderrätsel, das er kurz zuvor selbst erdacht hatte.

Ein Bruder ist's von vielen Brüdern,
in allem ihnen völlig gleich,
ein nötig Glied von vielen Gliedern
in eines großen Vaters Reich;
jedoch erblickt man ihn nur selten,
fast, wie ein eingeschobnes Kind;
die andern lassen ihn nur gelten
da, wo sie unvermögend sind.

Schillers Antwort war ebenfalls gereimt.

Der Sohn, der seinen vielen Brüdern
in allen Stücken völlig gleicht
und dennoch nur in ihren Gliedern
wie eingeschoben unterschleicht.
Was gleicht sich wie ein Tag dem Tage?
Es ist der Schalttag, den du meinst.

Auch dieses Buch enthält eine ganze Reihe von Kalenderrätseln, allerdings sind sie, anders als bei Goethe, mathematischer Natur. Fast alle anderen Aufgaben dieses Buches sind ebenfalls mathematische Probleme und stammen aus vielen Bereichen der Mathematik, beispielsweise aus der Geometrie, der Zahlentheorie, der Kombinatorik, der Algebra oder der Topologie. Aber Vorsicht: Darauf verlassen sollten Sie sich nicht! Manchmal haben die Probleme und ihre Lösungen nichts mit Mathematik zu tun.

Eine gute Denksportaufgabe ist ein kleines Kunstwerk. Doch anders als bei Gedichten, Gemälden oder Musikstücken wird bei Denksportaufgaben der Künstler, der sie geschaffen hat, beinahe nie erwähnt. Darum ist von kaum einem Problem bekannt, wer es eigentlich erfunden hat.

Ich habe deshalb bei jeder einzelnen Aufgabe viel Zeit und Mühe darauf verwandt, ihre Erstveröffentlichung zu entdecken. Dennoch bin ich davon überzeugt, dass ich nur in den wenigsten Fällen die Originalquelle gefunden habe. Trotzdem habe ich bei jeder Aufgabe die älteste mir bekannte Quelle angegeben. Ich wäre jedem Leser dankbar, der mir eine ältere Literaturstelle nennen würde.

Ich danke Helmut Postl aus Wien, Franz-Josef Schulte aus Essen und Torsten Sillke aus Frankfurt für ihre Hilfe bei diesem Buch.

Heinrich Hemme
Roetgen, Januar 2011

Vorwort der 2. Auflage

Dreizehn Jahre nach dem Erscheinen der ersten Auflage dieses Buches kommt nun seine zweite Auflage heraus. Das Buch, das vorher den Titel »Der Mathe-Jogger 2:100 mathematische Rätsel« trug, heißt zwar nun »100 mathematische Rätsel mit ausführlichen Lösungen: Einfach, mittel, schwer«, aber ansonsten hat es sich nicht verändert.

Heinrich Hemme
Roetgen, Februar 2024

Inhaltsverzeichnis

Lösungen der einfachen Aufgaben 71

Einfache Aufgaben

1. Ein dreifacher Mix

Jeder Buchstabe in dieser Rechnung steht für eine Ziffer. Gleiche Buchstaben bedeuten auch gleiche Ziffern und verschiedene Buchstaben verschiedene Ziffern. Eine Null kommt in den Summanden nicht vor.

$$
\begin{array}{r}
MIX \\
MIX \\
+MIX \\
\hline
3027
\end{array}
$$

Welche Werte haben die drei Buchstaben M, I und X?

2. Murmelsäckchen

Vor Ihnen liegen vier leere Säckchen und eine große Menge Murmeln. Nun sollen Sie Murmeln so in die Säckchen füllen, dass anschließend jedes Säckchen eine unterschiedliche Primzahl an Murmeln enthält.

Wie viele Murmeln brauchen Sie mindestens, um die Aufgabe zu lösen?

3. Die Faltkarte

Bei einer rechteckigen Karte, deren Vorderseite weiß und deren Rückseite grau ist, werden nacheinander die linke obere Ecke, die rechte untere und die rechte obere umgeknickt. Anschließend ist auch fast die komplette Vorderseite der Karte grau. Nur ein kleines Feld an ihrem oberen Rand bleibt weiß. Die Skizze zeigt, wie die gefaltete Karte aussieht. Abgesehen von dem kleinen weißen Viereck liegt der Karton bei der Faltkarte überall zweilagig.

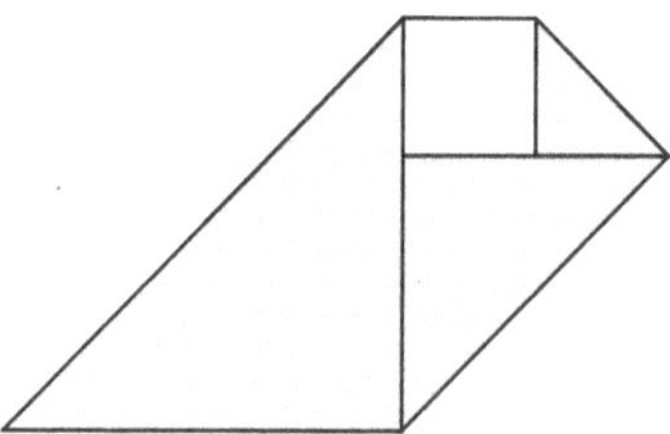

In welchem Verhältnis müssen die lange und die kurze Seite der rechteckigen Karte stehen, damit das weiße Viereck ein Quadrat ist?

4. Das Streichholzwort

Ein Wort liest man normalerweise von links nach rechts. So auch bei diesem Wort TUCH.

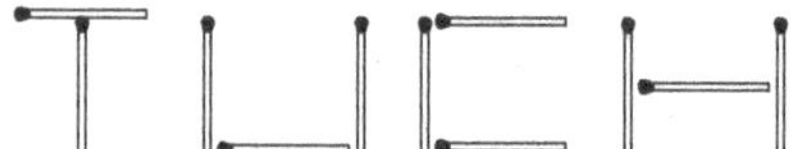

Legen Sie nun zwei Streichhölzer so um, dass man anschließend dasselbe Wort vom anderen Ende aus wiederum als TUCH lesen kann.

5. Das Datum in Europa und Amerika

In Europa schreibt man das Datum in der Reihenfolge Tag/Monat/Jahr und in Amerika in der Reihenfolge Monat/Tag/Jahr. Wenn Sie einen Brief in Ihren Unterlagen fänden, von dem Sie nicht wüssten, ob er aus Europa oder aus Amerika stammt, und der auf den 10/11/2006 datiert ist, so könnten Sie daran nicht erkennen, ob er am 10. November 2006 oder am 11. Oktober 2006 geschrieben wurde.

Wie viele Tage gibt es in jedem Jahr, bei denen man an der Schreibung des Datums nicht eindeutig erkennen kann, um welchen Tag es sich handelt, wenn man nicht weiß, ob es in Europa oder in Amerika geschrieben wurde?

6. Die borromeischen Ringe

Die italienische Familie Borromäus, zu der auch der bekannte Kardinal Carlo Borromeo gehörte, hat in ihrem Wappen drei ineinander verschlungene Ringe, die die Freundschaft der Familien Visconti, Sforza und Borromäus symbolisieren.

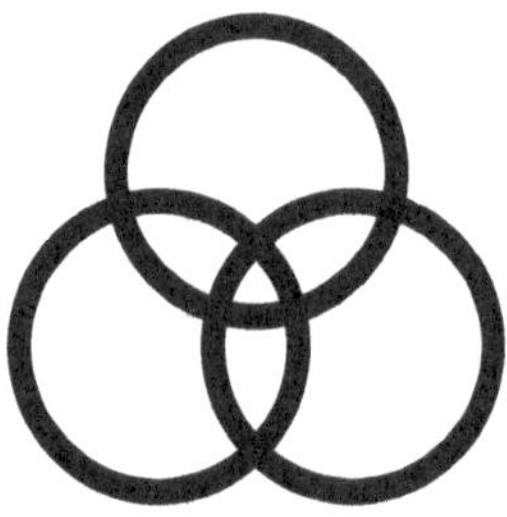

Die borromeischen Ringe sind so angeordnet, dass man alle drei voneinander befreien kann, indem man einen beliebigen von ihnen aufschneidet.

Wie sind die drei Ringe ineinander verschlungen, damit dies möglich ist? Oder mit anderen Worten: Welcher Ring liegt an den sechs Kreuzungen jeweils oben und welcher unten?

7. Zehn Finger hab ich an einer Hand

Es schrieb ein Mann an eine Wand:
Zehn Finger hab ich an einer Hand,
fünfundzwanzig an Händen und Füßen,
wer dies liest, muss es zu lesen wissen.

Wie lässt sich dieses merkwürdige Gedicht erklären?

8. Die Überfahrt

Ein Mann und eine Frau wiegen beide je einen Zentner, und ihre zwei Kinder wiegen zusammen einen Zentner. Sie müssen einen Fluss überqueren und finden nur ein Boot, das nicht mehr als einen Zentner tragen kann. Wie können sie die Überfahrt bewerkstelligen, ohne dass das Boot sinkt?

9. Der Bus

Fritzchen hat bei einem Schulausflug nach Berlin einen Stadtbus gezeichnet.

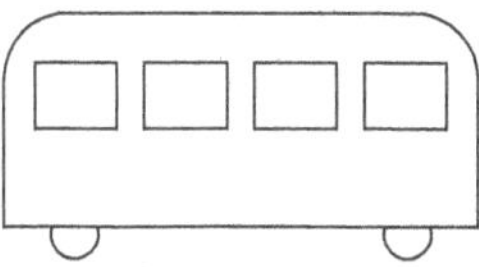

Ist dieser Bus nach links oder nach rechts gefahren?

10. Die Würfelecke

Fritzchen schaut mit einer Lupe genau auf eine der acht Ecken eines gewöhnlichen Spielwürfels. Dadurch sieht er keine einzige Fläche vollständig und nur drei einzelne Augen, die sich in der Nähe dieser Ecke befinden.

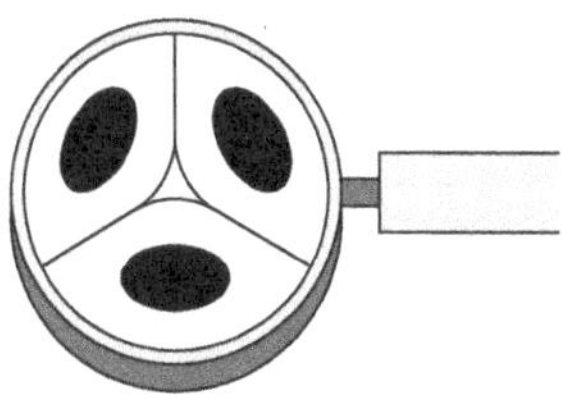

Ist es trotzdem möglich, wenigstens von einer Augenzahl eindeutig zu sagen, dass sie zu den drei teilweise sichtbaren Würfelseiten gehört? Oder ist dies sogar für zwei oder alle drei Augenzahlen möglich?

11. Das F-Puzzle

Kopieren Sie diese fünf Figuren auf dünnen Karton, schneiden Sie sie aus und legen Sie sie anschließend zu einem großen F aneinander.

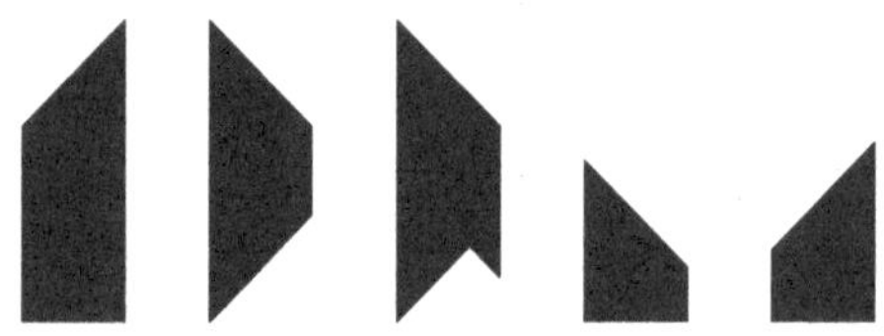

12. Richtig oder falsch?

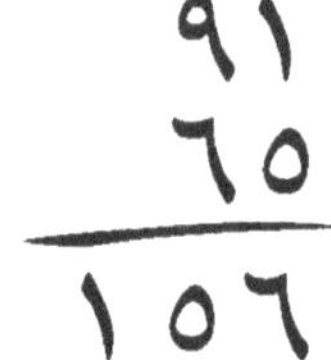

Ein Schüler hat in seinem Heft zwei Zahlen schriftlich addiert. Obwohl das Ergebnis falsch zu sein scheint, hat der Mathematiklehrer an der Rechnung nichts auszusetzen. Warum?

13. Die geheime Botschaft

Welches Wort ist in der Zeichnung verschlüsselt dargestellt worden?

14. Einige Zahlen

Diese Zahlenfolge ist nach einem bestimmten Gesetz aufgebaut. Es fehlt aber an irgendeiner Stelle eine einzige Zahl. Fügt man sie ein, ist die Folge vollständig.

0, 1, 2, 4, 5, 6, 8, 9, 10, 11, 12

Welche Zahl fehlt und warum gerade diese?

15. Die Zahlen auf den Würfelecken

Verteilen Sie die Zahlen von 0 bis 7 so auf die Ecken eines Würfels, dass die Summe eines Zahlenpaares, das durch eine Kante verbunden ist, niemals eine Primzahl ergibt. Auf wie viele Weisen ist dies möglich?

16. Der Tangramhund

In ihrer Ausgangsform bilden die sieben Tangramsteine ein Quadrat von zwölf Zentimetern Seitenlänge.

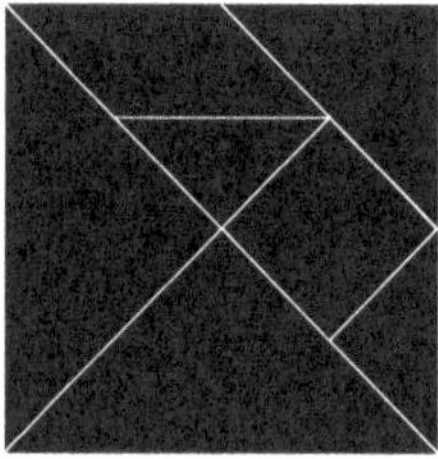

Aus den sieben Steinen kann man eine Figur legen, in der man mit etwas Fantasie einen Hund erkennen kann.

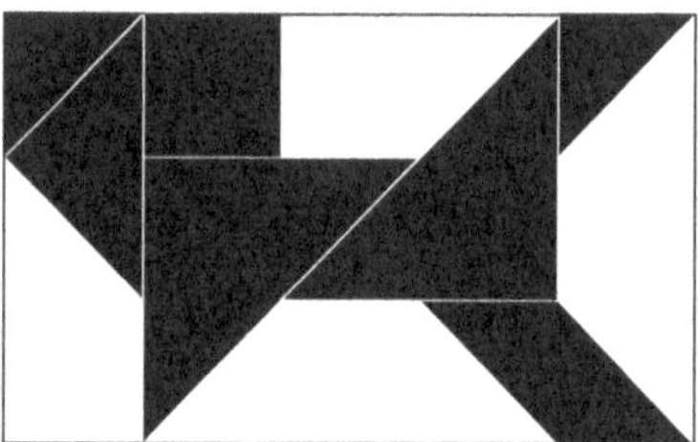

Wie groß ist der Flächeninhalt des Rechtecks, das diesen Tangramhund umschließt?

17. Buchstabenzeilen

Einige Buchstaben sind nach einem bestimmten System auf vier Zeilen verteilt worden.

I
L, T, V, X
A, F, H, K, N, Y, Z
…, …, …

Wie könnten die drei Buchstaben der vierten Zeile lauten?

18. Münzspalten

Acht Ein-Euro-Münzen (weiße Kreise) und acht Fünfzig-Cent-Münzen (schwarze Kreise) sind zu einem quadratischen Muster ausgelegt worden.

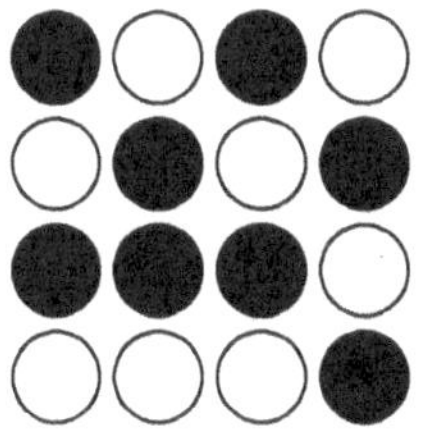

Ordnen Sie nun mit möglichst wenigen Zügen die Münzen so um, dass anschließend in jeder Spalte entweder nur Ein-Euro-Stücke oder nur Fünfzig-Cent-Stücke liegen. Dabei ist ein Zug das Vertauschen von zwei beliebigen Münzen.

19. Münzdreiecke

Zehn Ein-Euro-Münzen sind zu einer dreieckigen Figur angeordnet worden. In diese Figur lassen sich nun etliche gleichseitige Dreiecke so einzeichnen, dass jeder ihrer Eckpunkte mit dem Mittelpunkt einer Münze zusammenfällt. In der Skizze sind zwei dieser Dreiecke zu sehen.

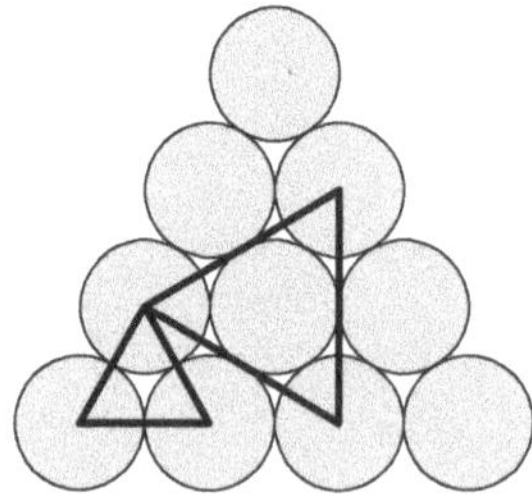

Wie viele Münzen muss man mindestens aus der Figur entfernen, damit sich kein einziges gleichseitiges Dreieck mehr auf diese Weise einzeichnen lässt?

20. Ein Quadrat aus Rechenstäbchen

Sieben Zähl- oder Rechenstäbchen, wie sie im Kindergarten und in der Grundschule benutzt werden, sind zu zwei Quadraten ausgelegt worden. Legen Sie die Stäbchen so um, dass sie ein einziges Quadrat bilden.

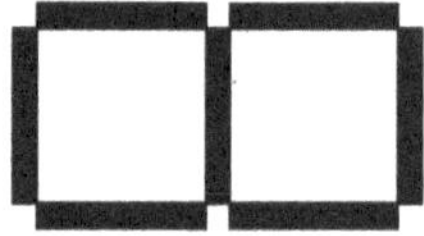

Die Stäbchen dürfen nicht zerbrochen werden, es dürfen keine hinzugefügt werden und sie dürfen sich nicht überlappen oder kreuzen. Alle sieben Stäbchen müssen in voller Länge an dem Quadrat beteiligt sein.

21. Die Streichholzgleichung

Legen Sie nur ein einziges Streichholz um, so dass eine korrekte Gleichung entsteht.

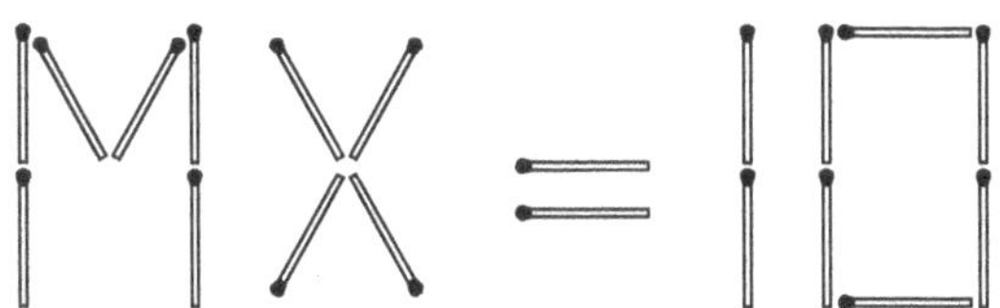

Das Gleichheitszeichen darf nicht verändert, also nicht zum Ungleichheits-, Größer- oder Kleinerzeichen gemacht werden.

22. Der rollende Bleistift

Ein Bleistift, dessen Querschnitt ein regelmäßiges Fünfeck ist, ist auf einer Seite mit dem Namen und dem Logo der Herstellerfirma bedruckt. Dieser Bleistift wird mit einem kleinen Stoß über den Tisch gerollt. Wie groß ist die Wahrscheinlichkeit, dass die mit dem Namen bedruckte Seite genau nach oben zeigt, wenn der Bleistift liegen bleibt?

23. Die Stellenzahl

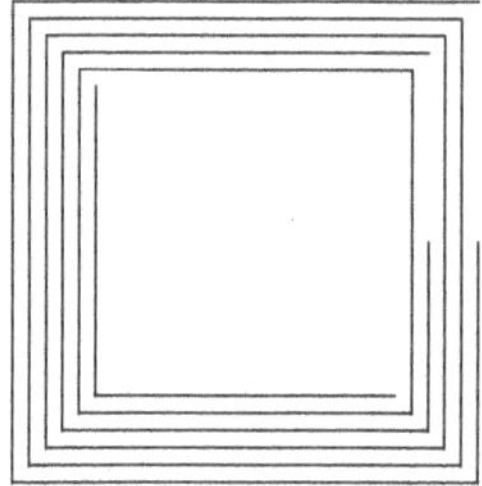

Wie viele Stellen hat diese Zahl?

24. Die gerechte Weinteilung

Ein Mann hinterlässt seinen drei Söhnen neun Fässer Wein. Das erste Fass enthält ein Maß Wein, das zweite Fass zwei Maß Wein, das dritte drei Maß, und so geht das fort, bis schließlich das neunte Fass neun Maß Wein enthält. Der Mann hat in seinem Testament festgelegt, dass jeder seiner Söhne gleich viele Fässer und gleich viel Wein bekommen soll. Wie kann man dieses Problem lösen, ohne Wein von einem Fass in ein anderes füllen zu müssen?

25. Das geteilte Zifferblatt

Zerlegen Sie das Zifferblatt einer Uhr durch gerade Linien in mehrere Teile, so dass die Summe der Zahlen in jedem der Teile gleich ist. Die Linien dürfen dabei die Zahlen nicht in

Ziffern trennen. Es darf also keine Linie zwischen den beiden Ziffern der 12 verlaufen, um daraus die Zahlen 1 und 2 zu machen.

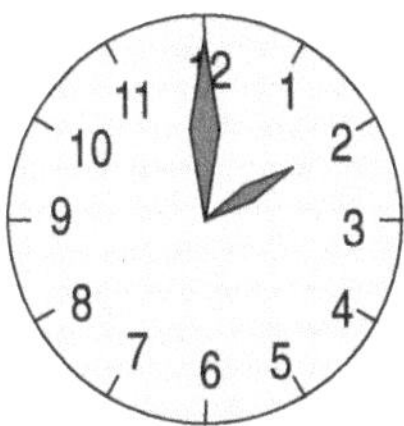

Welche Möglichkeiten der Zifferblattteilung gibt es?

26. Dreiecke und Quadrate aus Streichhölzern

Ordnen Sie zwölf Streichhölzer so an, dass sie acht gleichseitige Dreiecke und drei Quadrate bilden. Dabei dürfen die Streichhölzer nicht zerstört werden. Die zwölf Streichhölzer haben alle die Länge 1 und die Dicke 0. Alle Dreiecke und Quadrate müssen die Seitenlänge 1 haben. Ist das Problem überhaupt lösbar?

27. Das symmetrische Polygon

Legen Sie ein Teil dieser Figur so um, dass ein spiegelsymmetrisches Polygon entsteht. Das Teil darf dabei auch umgeklappt werden, so dass die Vorder- zur Rückseite wird.

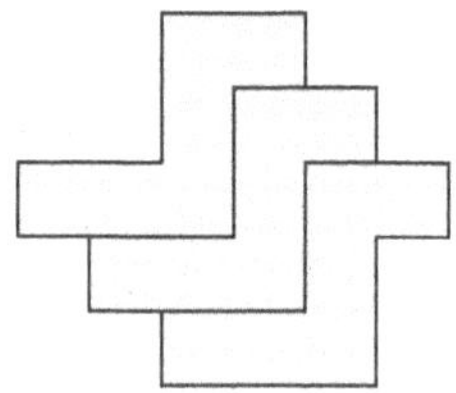

28. Der Schaltkreis

Dieser elektrische Schaltkreis steht für einen Satz aus drei Wörtern, den man in Filmen häufig von Polizisten und Soldaten hören kann.

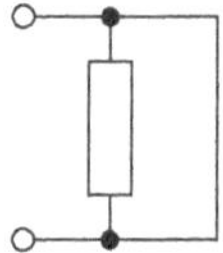

Wie lautet der Satz?

29. Eine seltsame Gleichung

Verschieben Sie in dieser fehlerhaften Gleichung nur ein einziges Symbol, um sie korrekt zu machen.

X + X = O

Dieses Symbol darf ein Rechenzeichen, ein Buchstabe oder die Ziffer sein. Nicht erlaubt ist die Verschiebung von Teilen dieser Symbole. Beispielsweise darf nicht nur der Querstrich des Pluszeichens verschoben werden. Das X ist keine Variable, für die man einen beliebigen Wert einsetzen darf. Also X = O ist nicht erlaubt.

30. Quadrate voller Herzen

Wie viele Quadrate muss man noch zusätzlich in den quadratischen Rahmen zeichnen, damit jedes Herz in einem eigenen Feld steht?

31. Littlewoods Fußnoten

Der englische Mathematiker John Edensor Littlewood (1885–1977) konnte kein Französisch. Als aber dennoch einmal ein wissenschaftlicher Artikel von ihm in der französischsprachigen Zeitschrift *Comptes rendus de l'Académie des Sciences* erschien, standen am Ende drei Fußnoten. Sie waren, wie der Artikel selbst, auf Französisch und lauteten:

1. Ich bin Prof. Riesz für die Übersetzung der vorliegenden Schrift sehr verbunden.
2. Ich bin Prof. Riesz für die Übersetzung der vorhergehenden Fußnote sehr verbunden.

3. Ich bin Prof. Riesz für die Übersetzung der vorhergehenden Fußnote sehr verbunden.

Konsequenterweise hätte nun eine unendliche Folge von identischen Fußnoten folgen müssen, in denen sich Littlewood jeweils für die Übersetzung der vorhergehenden Fußnote bedankt. Mit welcher vernünftigen Begründung konnte er aber nach der dritten Fußnote abbrechen?

32. Drei Bedingungen

Die Lösung dieser Aufgabe muss genau zwei der drei folgenden Bedingungen erfüllen:

1. Die Lösung muss aus genau drei Zeichen bestehen. Dabei sind Leerzeichen auch Zeichen.
2. In der Lösung darf außer dem Buchstaben A nichts anderes vorkommen. Sie darf diesen Buchstaben auch nur höchstens dreimal enthalten.
3. Die Lösung muss mit einem A beginnen, ein A in der Mitte haben und mit einem A enden.

   Wie sieht die Lösung aus?

33. Das triangulierte Rechteck

Ein Rechteck ist in vier Dreiecke unterteilt worden. Die Zahlen in den Dreiecken geben ihre Flächeninhalte an.

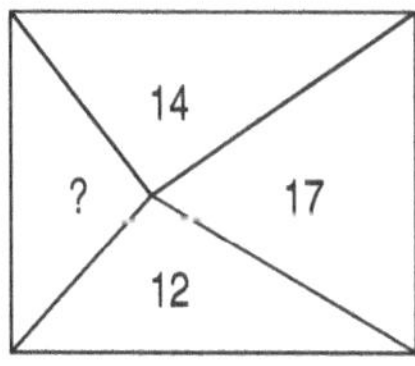

Wie groß ist der Flächeninhalt des mit einem Fragezeichen markierten Dreiecks?

34. Der erfolgreiche Bettler

Ein steinreicher, geiziger, aber dafür grundehrlicher Mann sagt zu einem Bettler, der an seiner Haustür geklingelt hat: »Sage mir irgendeinen Satz. Wenn er wahr ist, gebe ich dir zwei Euro. Ist er aber falsch, bekommst du von mir entweder mehr oder weniger als zwei Euro, jedoch nicht genau zwei Euro.« Der Bettler stutzt, erkennt seine Chance und geht mit einer Million Euro von dannen.

Mit welchem Satz könnte er den Spender dazu gebracht haben, ihm so viel Geld zu geben?

Mittelschwere Aufgaben

35. Die Trapezfläche

Ein Trapez wird durch seine beiden Diagonalen in vier Dreiecke unterteilt. Die zwei Dreiecke, die an die beiden parallelen Seiten des Trapezes grenzen, haben die Flächeninhalte A und D.

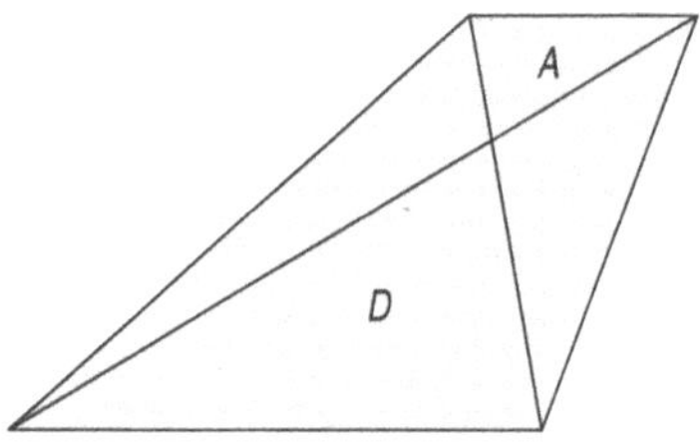

Welchen Flächeninhalt hat das gesamte Trapez?

36. Kalenderwochen

Nach den Normen DIN 1355 und ISO 8601 gehört der 1. Januar eines Jahres zur ersten Kalenderwoche dieses Jahres, wenn er auf einen Montag, Dienstag, Mittwoch oder Donnerstag fällt. Ansonsten rechnet man ihn zur letzten Woche, also zur 52. oder 53. Woche, des Vorjahres. Dabei gilt als Wochenanfang immer der Montag.

Angenommen, der Gregorianische Kalender und die beiden Normen bleiben unendlich lange gültig. Wie viel Prozent aller Neujahrstage fallen in die 1., wie viel in die 52. und wie viel in die 53. Kalenderwoche?

37. Eine Buchstabenreihe

Die Buchstaben sind nach einem bestimmten System geordnet.

R, R, Z, L, I, I, I, T, R, R, R, ?

Ein Buchstabe fehlt noch. Welcher?

38. Eine zweite Buchstabenreihe

Die Buchstaben dieser Reihe sind nach einem bestimmten System geordnet.

E, T, I, A, N, M, S, U, R, W, D, K, G, O, …

Wie könnte der nächste Buchstabe lauten?

39. Die Würfeleckenpyramide

Schneidet man von einem Würfel eine Ecke ab und legt dabei den Schnitt durch die drei benachbarten Ecken, erhält man eine Pyramide mit einem gleichseitigen Dreieck als Grundfläche und drei rechwinkligen Dreiecken als Seitenflächen.

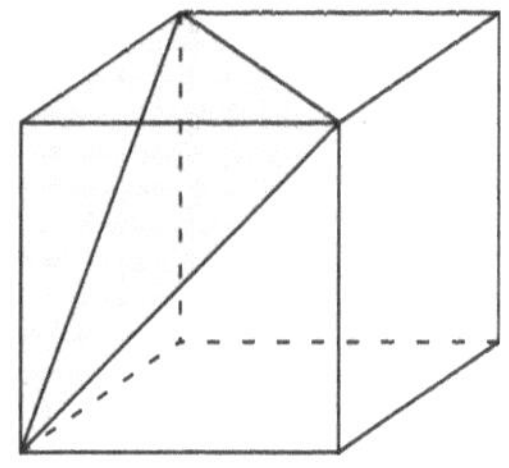

Wie groß ist der Winkel, den die Seitenflächen mit der Grundfläche einschließen?

40. Herz, Pik, Kreuz

In dieser Rechnung ist jede Ziffer durch ein Symbol ersetzt worden. Dabei stehen gleiche Symbole für gleiche Ziffern und verschiedene Symbole für verschiedene Ziffern. Die Zahlen beginnen nicht mit Nullen.

♥♠ + ♥♠ = ♥♣♥

Wie lautet die Originalrechnung?

41. Maschinenschaden

Herr Meier fuhr mit der Bahn von Astadt nach Behausen. Als er eine Stunde unterwegs war, hatte die Lokomotive einen Maschinenschaden und konnte nur noch mit einem Drittel ihrer ursprünglichen Geschwindigkeit weiterfahren. Dadurch erreichte der Zug Behausen mit drei Stunden und zwanzig Minuten Verspätung. Herr Meier verpasste deshalb eine wichtige Verabredung um genau eine Stunde. Hätte der Zug noch sechzig Kilometer weiter mit seiner ursprünglichen Geschwindigkeit fahren können, wäre Herr Meier genau pünktlich zu seiner Verabredung gekommen.

Angenommen, der Zug wäre sowohl vor als auch nach dem Maschinenschaden mit jeweils konstanten Geschwindigkeiten gefahren und es hätte nirgendwo einen Aufenthalt gegeben. Wie lang ist dann die Strecke von Astadt nach Behausen?

42. Das E-Puzzle

Dieser Buchstabe E setzt sich aus zehn gleichen Quadraten zusammen.

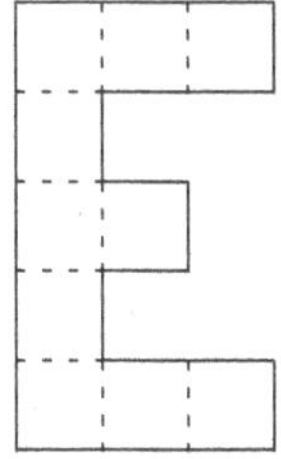

Zerschneiden Sie das E so in möglichst wenige Teile, dass Sie sie anschließend zu einem Quadrat zusammensetzen können. Die Teile dürfen dabei nicht umgeklappt werden, so dass die Unter- zur Oberseite wird. Es müssen alle Teile für das Quadrat verwendet werden. In dem Quadrat darf es keine Lücken und keine Überlappungen geben.

43. Das zweite E-Puzzle

Das Problem ist das gleiche wie bei der vorherigen Aufgabe. Es gibt nur einen kleinen Unterschied: Die Teile dürfen diesmal umgeklappt werden, so dass die Unter- zur Oberseite wird.

44. Wahrheit und Lüge

Eines Tages begegnet Baron von Münchhausen an einer Weggabelung den drei Grazien. Er weiß, dass eine der drei immer die Wahrheit sagt und eine immer lügt. Die dritte Grazie sagt manchmal die Wahrheit und manchmal auch nicht. Wann sie lügt und wann nicht, ist ohne jedes System und nur vom Zufall abhängig. Münchhausen möchte von ihnen wissen, welcher der beiden Wege in die nächste Stadt führt. Die drei Grazien wissen voneinander genau, wer immer, wer manchmal und wer nie die Wahrheit sagt, und sie kennen auch alle drei den richtigen Weg. Münchhausen weiß, dass sie den richtigen Weg kennen, weiß aber nicht, wer wie zur Wahrheit steht.

Wie kann Münchhausen durch zwei Fragen, die sich mit »ja« oder »nein« beantworten lassen, feststellen, welcher der richtige Weg ist?

45. Die Knauth'sche Figur

Verbindet man die Ecken eines Quadrates mit den Mittelpunkten seiner Seiten, so entsteht ein Gebilde, das nach dem Kölner Dombaumeister Johann Knauth (1864–1924) als Knauth'sche Figur bezeichnet wird. Sie taucht in der Proportionenlehre der Architektur seit Jahrhunderten immer wieder auf.

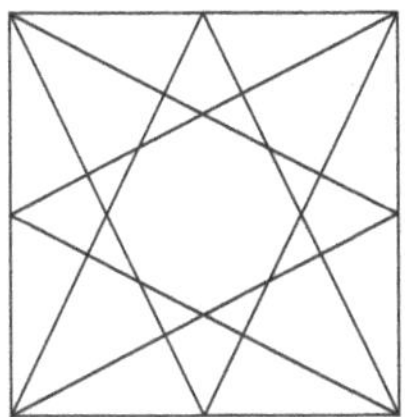

Wie viele rechtwinklige Dreiecke enthält die Knauth'sche Figur? In welchen Verhältnissen stehen die Kathetenlängen dieser Dreiecke zueinander?

46. Die längste Woche

Welches war die längste Woche in der Bundesrepublik Deutschland seit ihrer Gründung?

47. Würfelvielfalt

Angenommen, Sie haben Spielwürfel, die alle die gleiche Größe, Form und Farbe haben und die alle aus dem gleichen Material hergestellt sind. Die sechs Seitenflächen sind mit den üblichen sechs Augenmustern versehen, so wie sie die Abbildung zeigt. Auch ist bei allen Würfeln die Regel erfüllt, dass die Augenzahlen auf einander gegenüberliegenden Flächen sich zu sieben ergänzen.

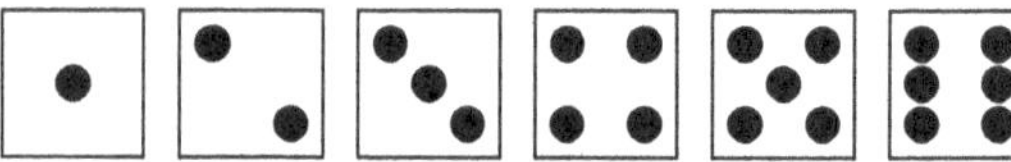

Dennoch können die Würfel unterschiedlich sein durch die Lage und die Orientierung der sechs Augenzahlen auf den Würfelflächen. In dem Beispiel unterscheiden sich die beiden Würfel durch die Orientierung der Sechs.

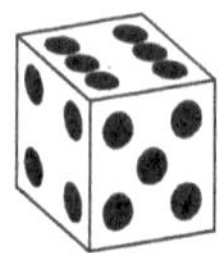
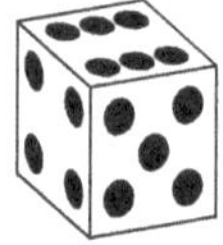

Wie viele verschiedene Würfel sind unter diesen Bedingungen möglich?

48. Sieben-Segment-Ziffern

Eine Digitaluhr, die Stunden, Minuten und Sekunden anzeigt, benötigt dafür sechs Stellen. Dabei sollen die Stunden von 0 bis 23 laufen. Jede der drei Zeiteinheiten wird stets zweistellig dargestellt, d. h. wenn eine davon eigentlich einstellig wäre, bekommt sie eine führende Null, also beispielsweise 04:56:28.

Die Uhrzeiten werden durch Sieben-Segment-Ziffern dargestellt. Welches ist die späteste Uhrzeit, zu der jedes der sieben Segmente der sechs Ziffern insgesamt gleich oft auftaucht?

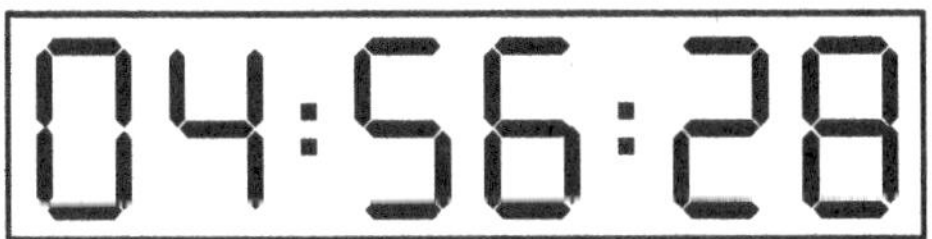

Beispielsweise um 04:56:28 Uhr sieht man das obere horizontale Segment insgesamt fünfmal, nämlich bei der 0, der 5, der 6, der 2 und der 8, das untere, linke, vertikale Segment hingegen nur viermal. Somit kann 04:56:28 Uhr nicht die Lösung des Problems sein.

Die zehn Ziffern haben in der Sieben-Segment-Darstellung folgendes Aussehen:

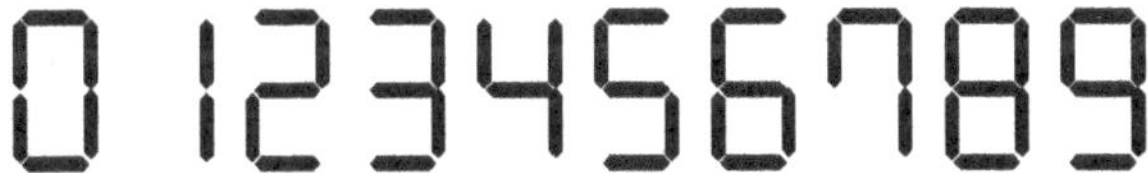

Die 1 wird dabei durch die beiden rechten vertikalen Segmente einer Anzeige dargestellt.

49. Die Kubikzahlentreppe

Ersetzen Sie jeden Kreis durch eine Ziffer, so dass eine Treppe aus zehn verschiedenen vierstelligen Kubikzahlen entsteht.

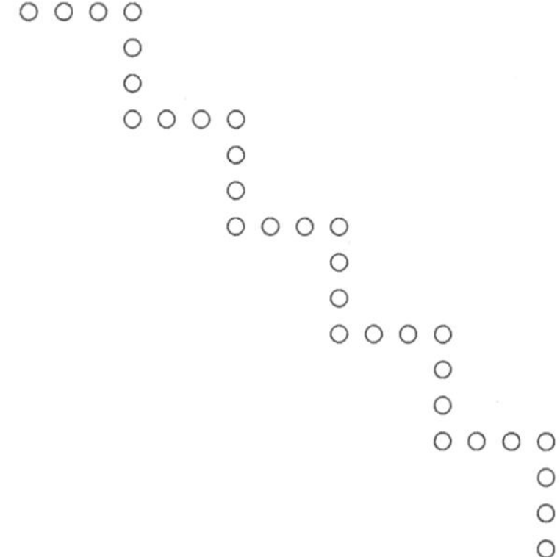

Die Zahlen werden alle entweder von links nach rechts oder von oben nach unten gelesen, und keine von ihnen beginnt mit einer Null.

50. 4 = 5

Dass die Gleichung $-20 = -20$ korrekt ist, ist sicherlich unstrittig. Sie lässt sich jetzt in mehreren Schritten zu dem Ausdruck $4 = 5$ umformen.

$$
\begin{aligned}
-20 &= -20 && \text{(Ausgangsgleichung)}\\
16-36 &= 25-45 && \text{(Zerlegung in Summanden)}\\
16-36+\frac{81}{4} &= 25-45+\frac{81}{4} && \text{(Addition von 81/4)}\\
\left(4-\frac{9}{2}\right)^2 &= \left(5-\frac{9}{2}\right)^2 && \text{(Anwendung der 2. binomischen Formel)}\\
\sqrt{\left(4-\frac{9}{2}\right)^2} &= \sqrt{\left(5-\frac{9}{2}\right)^2} && \text{(Wurzeln ziehen)}\\
4-\frac{9}{2} &= 5-\frac{9}{2} && \text{(Wurzeln ausrechnen)}\\
4 &= 5 && \text{(Addition von 9/2)}
\end{aligned}
$$

Wo steckt der Fehler?

51. Das Grashalmorakel

In einigen ländlichen Gegenden Russlands soll früher einmal folgende Wahrsagemethode sehr beliebt gewesen sein: Ein Mädchen hält sechs lange Grashalme in der Faust, so dass die Enden oben und unten herausragen. Ein zweites Mädchen verknotet dreimal jeweils zwei obere Enden, wobei es die Paare beliebig auswählt. Danach macht es das Gleiche mit den unteren Enden der Halme. Dann öffnet das erste Mädchen die Faust. Bilden die Grashalme nun einen einzigen großen Ring, bedeutet dies, dass das zweite Mädchen innerhalb eines Jahres heiraten wird.

Wie groß ist die Wahrscheinlichkeit, dass die Halme nach dem Verknoten einen Ring bilden?

52. Die Vierecke des Geobretts

Geobretter sind Holzbrettchen, in denen auf einem quadratischen Raster $n \times n$ Stifte stecken. Um die Stifte können Gummiringe gespannt werden. Geobretter werden in der Grundschule benutzt, um Kindern geometrische Figuren zu veranschaulichen.

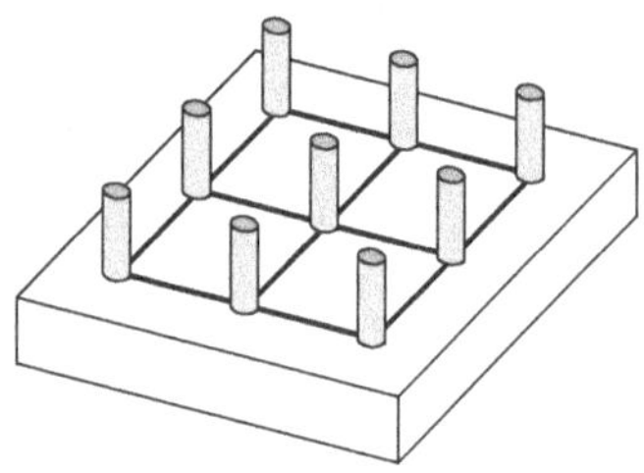

Wie viele verschiedene Vierecke lassen sich mit einem Gummiring auf einem Geobrett mit 3×3 Stiften bilden? Eines davon ist das Trapez aus der Abbildung, aber es gibt noch eine ganze Reihe anderer.

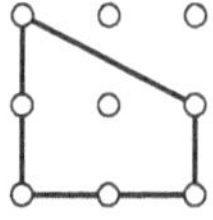

Vierecke, die durch Verschiebungen, Drehungen und Spiegelungen ineinander übergehen, zählen nicht als verschieden. Außerdem sind überschlagene Vierecke, bei denen sich der Gummiring selbst schneidet, und entartete Vierecke, die Innenwinkel von 0° oder 180° besitzen, nicht erlaubt.

53. Die Vierteilung des Geobretts

Unterteilen Sie das 3 × 3-Geobrett aus der vorherigen Aufgabe mit vier Gummiringen, die Sie um die Stifte spannen, vollständig in vier Flächenstücke. Die Stücke brauchen nicht die gleiche Form zu haben, müssen aber den gleichen Flächeninhalt besitzen. Die Durchmesser der Stifte und die Dicke der Gummiringe können Sie dabei als vernachlässigbar klein annehmen.

Wie viele Möglichkeiten, das Geobrett zu vierteilen, gibt es, wenn Muster, die durch Drehungen oder Spiegelungen ineinander übergehen, nicht als verschieden gezählt werden?

54. Die Wolga

Bekanntlich fließen alle Flüsse der Welt bergab. Die Wolga, Europas längster Fluss, hält sich jedoch nicht an diese Regel. Sie fließt bergauf.

Wie viele Kilometer ist die Quelle der Wolga näher am Erdmittelpunkt als ihre Mündung?

Hier sind einige nützliche Informationen über die Wolga und über die Erdkugel. Die Wolga entspringt in den Waldaihöhen in der Nähe des Dorfes Wolgowerchowje in Russland (57° 15' 31" nördlicher Breite und 32° 28' 22" östlicher Länge) in einer Höhe von 228 Metern über Normalnull. Nach 3530 Kilometern mündet sie ins Kaspische Meer (46° 44' 0" nördlicher Breite und 47° 51' 0" östlicher Länge), dessen Spiegel 28 Meter unter Normalnull liegt. Nord- und Südpol sind jeweils 6356,775 km und der Äquator ist 6378,160 km vom Erdmittelpunkt entfernt.

55. Von I bis C

Verwendet man für die römische Zahlendarstellung nur die Zeichen I, V, X, L, C, D und M und benutzt die normale Subtraktionsregel, benötigt man für die Zahlen von I bis C insgesamt 401 Zahlenzeichen. Ordnen Sie diese 401 Zeichen zu möglichst wenigen gültigen römischen Zahlen neu an. Wie viele Zahlen entstehen dadurch mindestens? Die Zahlen brauchen nicht verschieden zu sein.

In einer römischen Zahl werden die Ziffern von links nach rechts nach absteigenden Werten geordnet. Das heißt, normalerweise steht links von einer Ziffer keine kleinere Ziffer. Die Subtraktionsregel in ihrer Normalform besagt, dass die Ziffern I, X und C einem ihrer nächst oder übernächst größeren Zahlenzeichen vorangestellt werden dürfen und dann in ihrem Zahlenwert von dessen Wert abzuziehen sind.

56. Noch einmal von I bis C

Ordnen Sie wie in der vorherigen Aufgabe die 401 Zeichen der römischen Zahlen von I bis C zu möglichst wenigen gültigen römischen Zahlen neu an. Diesmal aber müssen alle Zahlen verschieden sein. Wie viele Zahlen entstehen dadurch mindestens?

57. Abstandsquadrat

Verteilen Sie die Zahlen von 1 bis 15 so auf die fünfzehn weißen Felder des Quadrats, dass für jede Zahl der Abstand zur nächstgrößeren Zahl größer ist als der Abstand zur nächstkleineren Zahl.

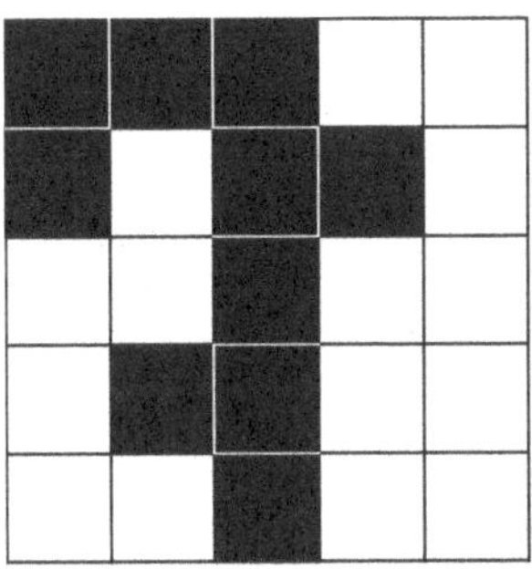

Der Abstand wird immer von Feldmitte zu Feldmitte gemessen.

58. Eine optische Täuschung

Welche der beiden fett ausgezogenen Linien ist länger?

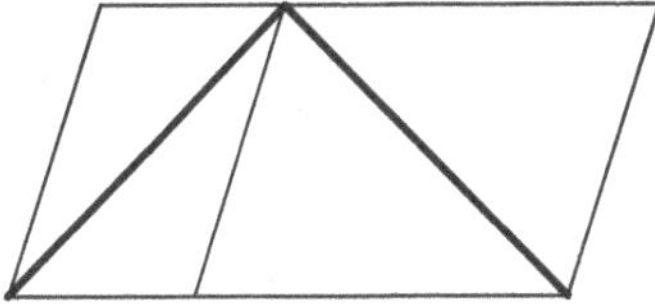

Obwohl die rechte Linie deutlich länger zu sein scheint als die linke, sind beide Linien gleich lang. Wenn Sie es nicht glauben wollen, messen Sie es doch einfach nach. Diese optische Täuschung wird dadurch hervorgerufen, dass die beiden Parallelogramme, deren Diagonalen die Linien sind, unterschiedliche Größen haben.

Angenommen, die linke fette Linie halbiert zwei der Innenwinkel des linken Parallelogramms, und die beiden fetten Linien sind jeweils 6 cm und die obere und untere Seite des rechten Parallelogramms jeweils 5 cm lang. Welche Längen haben dann die anderen Parallelogrammseiten? Die Zeichnung ist übrigens nicht maßstabgetreu.

59. Die Bierreklameschilder

Mr Smith und seine Frau fahren mit dem Auto in gleichmäßigem Tempo über eine Autobahn durch Oklahoma. »Ist dir auch schon aufgefallen, dass diese scheußlichen Reklameschilder für Flatz-Bier in regelmäßigen Abständen voneinander aufgestellt worden sind?«, fragt Mr Smith. »Ich wüsste gerne, wie groß der Abstand zwischen ihnen ist.« Mrs Smith sieht auf ihre Armbanduhr und zählt, wie viele Schilder sie in einer Minute passieren. Als sie ihrem Mann das Ergebnis nennt, ruft der aus: »Das ist ja ein kurioser Zufall! Das Zehnfache dieser Zahl ist genau unsere Fahrtgeschwindigkeit in Meilen pro Stunde.«

Wie groß ist der Abstand der Reklameschilder, wenn man annimmt, dass Mrs Smith genau in der Mitte zwischen zwei Schildern mit dem Zählen begonnen und aufgehört hat?

60. Die Wochentage der Erde

Wie viele Wochentage kann es gleichzeitig auf der Erde geben?

61. Die längste Silvesterfeier

Baron Friedrich von Lautprahlern hatte zum Jahreswechsel auf sein Schloss eingeladen und erzählte seinen Gästen wortreich von seiner vorjährigen Silvesterfeier. »Ich war derart in Stimmung, dass ich den ganzen 31. Dezember über gefeiert hatte. Vom Anfang bis zum Ende des Tages. Meine lieben Gäste, Sie werden es nicht glauben, aber die Feier dauerte so lange, wie es überhaupt nur möglich ist, am Silvestertag durchgehend zu feiern. Dafür war mir nichts zu teuer, und natürlich macht mir das so schnell niemand nach!«

Wie lange kann die vorjährige Silvesterfeier des Barons längstens gedauert haben?

62. Der Garten

Ein Garten ist rundherum eingezäunt und hat die Form eines Trapezes mit zwei rechtwinkligen Ecken. Die beiden parallel verlaufenden Zäune des Gartens sind 41 und 49 Meter lang. Genau in der Mitte des Gartens steht ein Apfelbaum, der von allen vier Zäunen den gleichen Abstand hat.

Welchen Flächeninhalt hat der Garten?

63. Von Adorf nach Edorf

Von Adorf aus führt eine Straße schnurgerade genau nach Norden und läuft durch das 70 km entfernte Bedorf und das 140 km entfernte Cedorf. Eine zweite Straße geht schnurgerade von Adorf nach Nordosten durch Dedorf und Edorf. Bedorf und Dedorf sind durch eine schnurgerade, 50 km lange Straße miteinander verbunden, und zwischen Cedorf und Edorf verläuft eine ebenfalls schnurgerade, 100 km lange Straße.

Ferdinand fährt mit seinem Porsche mit konstanter Geschwindigkeit von Adorf nach Edorf. Eine Stunde nach der Abfahrt erreicht er Dedorf. Wann kann er frühestens in Edorf sein?

64. Minischach

Auf ein Minischachbrett von 2 × 3 Feldern sollen drei der sechzehn weißen Figuren eines Schachspiels gestellt werden. Die Zahlen auf den einzelnen Feldern geben an, wie oft sie bedroht werden. Welche Figuren muss man auswählen und wohin müssen sie gestellt werden?

2	1	0
1	1	2

Wie beim Schach üblich, spielt Weiß von unten nach oben. Falls also Bauern unter den drei Figuren sind, können sie nur nach oben ziehen.

65. Crux Numerorum

Bei Ausgrabungen vor der Porta Nigra, einem römischen Stadttor in Trier, wurde ein Tontäfelchen aus der Spätantike gefunden, in das ein Raster aus neun Quadraten eingeritzt worden war. Es war ein Crux numerorum, ein Kreuzzahlrätsel.

Folgende Hinweise standen dabei:

Waagerecht:	I	Vielfaches von XXXVII
	II	Vielfaches von LXXIII
	III	Faktor von I senkrecht
Senkrecht:	I	Quadratzahl
	II	Vielfaches von VII
	III	Calpurnias Alter

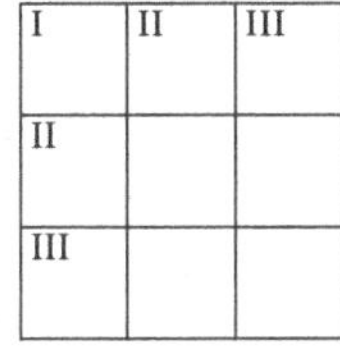

In die Felder dürfen keine arabischen Ziffern, sondern nur römische Zahlenzeichen gesetzt werden. Wie alt war Calpurnia?

66. Quadrat der Quadrate und Kuben

In jedes Feld dieses Rasters soll entweder ein I, ein V, ein X, ein L, ein C, ein D oder ein M gesetzt werden, so dass die vier Zeilen und die vier Spalten jeweils gültige römische Zahlen ergeben. So wäre beispielsweise MXII eine mögliche Zeile oder Spalte, IMID jedoch nicht. Eine zweite Bedingung ist, dass möglichst viele der acht Zahlen Quadrat- oder Kubikzahlen sein sollen.

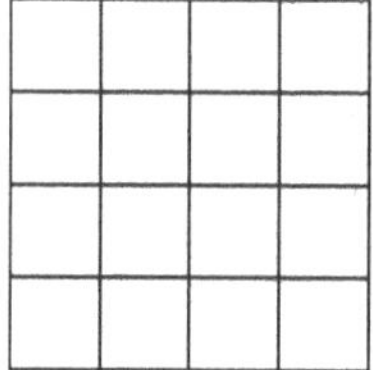

Wie sieht das gefüllte Raster aus?

67. Echte Dominobrüche

Ein vollständiger Dominosatz besteht aus achtundzwanzig Steinen, auf deren Feldern alle möglichen Zweierkombinationen von null bis sechs Augen gedruckt sind. Die beiden Felder jedes Steins sind jeweils durch einen Strich voneinander getrennt.

Stellt man die Dominosteine auf ihre kurzen Seiten, so lassen sie sich als Brüche deuten. Entfernt man aus dem Dominosatz nun noch die Steine, die eine Null oder zwei gleiche Augenzahlen enthalten, bleiben fünfzehn übrig, die man so aufstellen kann, dass sie nur echte Brüche ergeben.

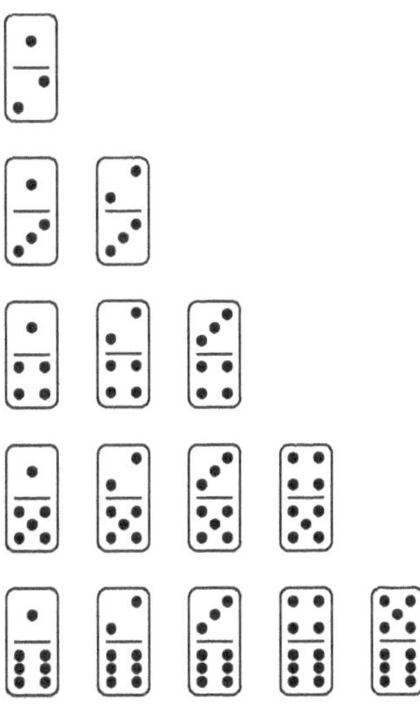

Teilen Sie diese fünfzehn Dominosteine so in drei Gruppen mit je fünf Steinen auf, dass die Summe der echten Dominobrüche in jeder Gruppe gleich groß ist.

68. Der Kreis in der Ebene und auf der Kugel

Schlagen Sie mit einem Zirkel einen Kreis mit dem Radius r auf ein Blatt Papier. Anschließend zeichnen Sie mit diesem Zirkel, ohne den Öffnungswinkel seiner beiden Schenkel zu verändern, einen Kreis auf eine Kugel, die natürlich einen hinreichend großen Radius R haben muss. Der Kreis umschließt dann eine Kugelkalotte.

Ist der Flächeninhalt der Kugelkalotte größer oder kleiner als der Flächeninhalt des Kreises auf dem Blatt Papier?

Schwere Aufgaben

69. Münzwenden

Max und Moritz spielen das Münzwendspiel. In der Ausgangssituation liegt auf jedem Quadrat des 4 × 4-feldigen Spielbretts eine Münze mit der Bildseite (schwarz) nach oben. Nun darf Max eine beliebige Münze umdrehen, so dass nun die Unterseite nach oben zeigt. Anschließend muss Moritz alle Münzen wenden, deren Felder direkt mit einer Kante oder einer Ecke an das Feld grenzen, auf dem die von Max gewendete Münze liegt. Befindet sich die von Max gedrehte Münze in der Mitte des Spielfeldes, muss Moritz acht Münzen umdrehen. Liegt Max' Münze am Rand des Feldes, sind es weniger. Max und Moritz machen ihre Züge immer abwechselnd, aber jeder nur seine Zugart. Dabei dürfen Max und Moritz auch Münzen wenden, die schon zuvor einmal umgedreht worden sind.

Nach dem dritten Zug von Moritz zeigt das Spielbrett folgendes Muster:

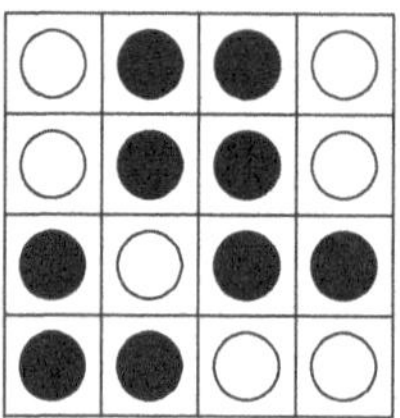

Welche drei Münzen hat Max gewendet?

70. Drohende Läufer

Wie viele Läufer muss man mindestens auf ein Schachbrett stellen, damit jedes Feld besetzt oder bedroht ist?

71. Drohende und bedrohte Läufer

Wie viele Läufer muss man mindestens auf ein Schachbrett stellen, damit jedes Feld bedroht ist? Es müssen also, im Gegensatz zur vorherigen Aufgabe, auch die von Läufern besetzten Felder bedroht sein.

72. Der sagenhafte Schwimmer

Charon rudert vom Hadestor aus mit seinem Nachen den Styx eine Stunde lang stromaufwärts. Dann springt er aus unerfindlichen Gründen über Bord und schwimmt zum Tor zurück. Der Nachen treibt auch stromabwärts und erreicht das Hadestor zwei Stunden später als Charon.

In einem Gewässer ohne Strömung kann Charon doppelt so schnell rudern wie schwimmen. Die Strömungsgeschwindigkeit des Styx ist konstant und Charon rudert und schwimmt die ganze Reise über so schnell er kann.

Wie viel Zeit hätte Charon auf dem Rückweg sparen können, wenn er gerudert statt geschwommen wäre?

73. Eine Zahlenfolge

Diese Zahlenfolge ist nach einem bestimmten System aufgebaut und unendlich lang.

1, 2, 3, 15, 5, 51, 52, 53, 110, ?, ?, ?, ?, 1015, 105, ?, ?, ?, ?, 20, …

Wie könnten die Zahlen lauten, die hier durch Fragezeichen ersetzt worden sind?

74. Ochsenwiesen

Zwölf Ochsen grasen eine Wiese von dreieindrittel Morgen in vier Wochen vollständig ab, und einundzwanzig Ochsen brauchen für eine Wiese von zehn Morgen neun Wochen.

Wie viele Ochsen kann eine Wiese von vierundzwanzig Morgen achtzehn Wochen lang ernähren? Alle Ochsen fressen jeden Tag gleich viel, und das Gras aller Wiesen wächst ständig und gleichmäßig nach.

75. Die Kondensatorleiter

Bei parallel geschalteten elektrischen Kondensatoren addieren sich ihre einzelnen Kapazitäten zur Gesamtkapazität

$$C = C_1 + C_2 + C_3 + \dots,$$

bei in Reihe geschalteten Kondensatoren hingegen addieren sich die Kehrwerte der Kapazitäten zum Kehrwert der Gesamtkapazität.

$$\frac{1}{C} = \frac{1}{C_1} + \frac{1}{C_2} + \frac{1}{C_3} + \ldots .$$

Aus Kondensatoren ist eine unendlich lange Kondensatorleiter zusammengelötet worden. Alle Sprossenkondensatoren haben eine Kapazität von 2 μF und alle Holmkondensatoren von 3 μF.

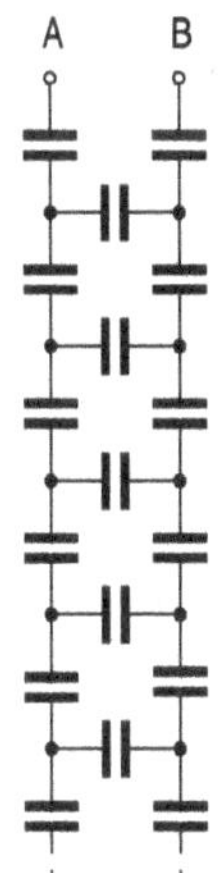

Wie groß ist die Gesamtkapazität zwischen den beiden oberen Enden A und B der Leiter?

76. Diamantenherstellung

Das Quadrat (links), von dem ein Viertel fehlt, soll zerschnitten und zu einem Diamanten (rechts) wieder zusammengesetzt werden.

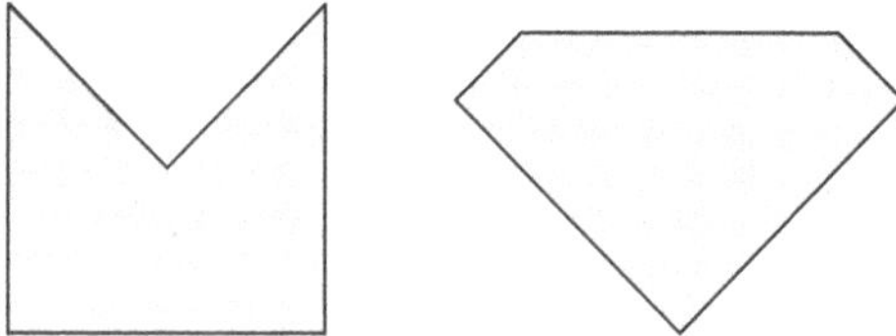

Das Problem lässt sich durch eine Zerlegung in vier Teile lösen.

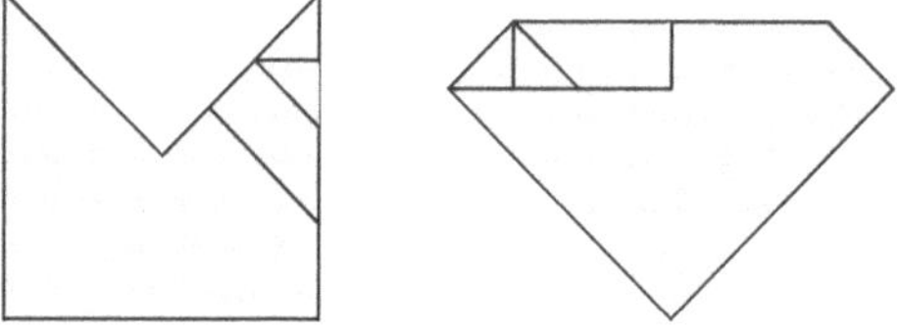

Geht es auch mit weniger Teilen?

77. Aggressive Damen

Sie dürfen auf ein gewöhnliches Schachbrett beliebig viele Damen stellen. Allerdings muss jede Dame genau *n* andere Damen bedrohen. Für welche Werte von *n* ist dieses Problem lösbar? Natürlich gelten die üblichen Schachregeln, und es muss mindestens eine Dame aufgestellt werden.

78. Noch mehr aggressive Damen

Wie bei der vorherigen Aufgabe dürfen Sie beliebig viele Damen auf ein Schachbrett stellen, nur ist das Schachbrett diesmal unendlich groß und hat somit keine Ränder. Wieder muss jede Dame genau *n* andere Damen bedrohen. Für welche Werte von *n* ist das Problem jetzt lösbar? Es gelten die üblichen Schachregeln, und es muss mindestens eine Dame aufgestellt werden.

79. Die Dreiecke im Quadrat

Im Inneren eines Quadrates ABCD liegt der Punkt E. Die Verbindungsstrecken von diesem Punkt E zu den Ecken A, B und C haben die Längen 1, 2 und 3.

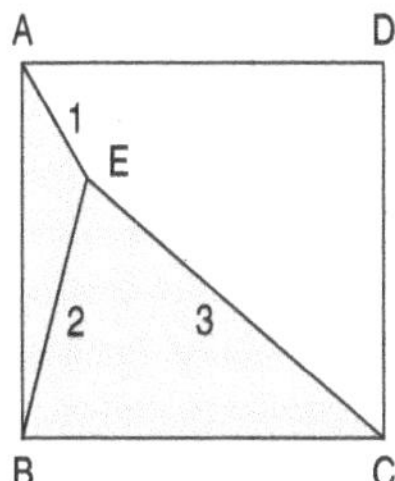

Wie groß ist die graue Fläche im Inneren des Quadrats?

80. Die Breite des Geldes

Ein Rechteck, das so breit ist wie der Durchmesser einer Zwei-Euro-Münze, hat die Länge x. Legen Sie in dieses Rechteck nebeneinander die acht verschiedenen Münzen der Eurowährung, so dass sie alle die untere Seite des Rechtecks und ihren linken und ihren rechten Nachbarn berühren. Münzen, die nur einen Nachbarn haben, müssen auch die linke oder rechte Seite des Rechtecks berühren.

Wie groß kann x höchstens sein?

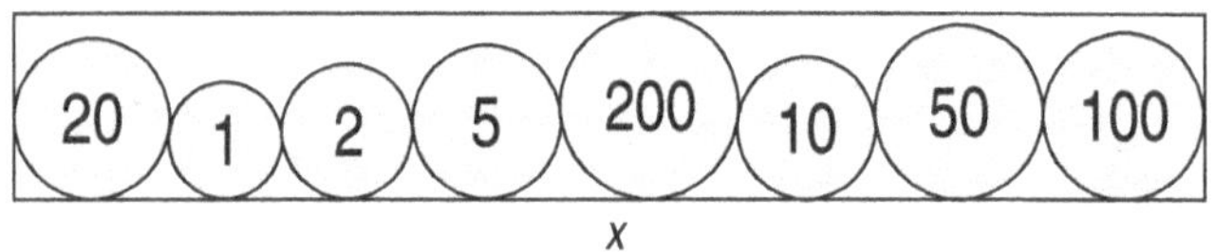

Die Zeichnung zeigt ein Beispiel, wie die acht Münzen angeordnet sein könnten. Selbstverständlich braucht dies nicht die richtige Anordnung für das maximale x zu sein.

Die acht Münzen haben übrigens folgende Durchmesser: 1 Cent ≙ 16,25 mm, 2 Cent ≙ 18,75 mm, 5 Cent ≙ 21,25 mm, 10 Cent ≙ 19,75 mm, 20 Cent ≙ 22,25 mm, 50 Cent ≙ 24,25 mm, 1 Euro ≙ 23,25 mm und 2 Euro ≙ 25,75 mm.

81. Noch einmal die Breite des Geldes

Wie in der vorherigen Aufgabe gibt es ein Rechteck der Länge x, das so breit ist wie der Durchmesser einer Zwei-Euro-Münze. Legen Sie in dieses Rechteck nebeneinander die acht verschiedenen Münzen der Eurowährung, so dass sie alle die untere Seite des Rechtecks berühren. Welche Reihenfolge müssen die Münzen haben, damit x möglichst klein ist?

82. Cantorstaub

In der ersten Zeile der Skizze ist der Zahlenbereich von 0 bis 1 durch einen schwarzen Balken dargestellt. Radiert man das mittlere Drittel des Balkens fort, bleiben die beiden kürzeren Balken der zweiten Zeile zurück. Nun radiert man von beiden Balken wieder jeweils das mittlere Drittel fort und erhält so die dritte Zeile der Zeichnung. Um die vierte Zeile zu erhalten, wird aus jedem Balken der dritten Zeile wieder das mittlere Drittel entfernt. Dieses Verfahren setzt man jetzt unendlich oft fort, so dass schließlich nur noch breitenlose vertikale Striche übrig bleiben. Diese Striche bezeichnet man nach dem Mathematiker Georg Cantor als Cantorstaub.

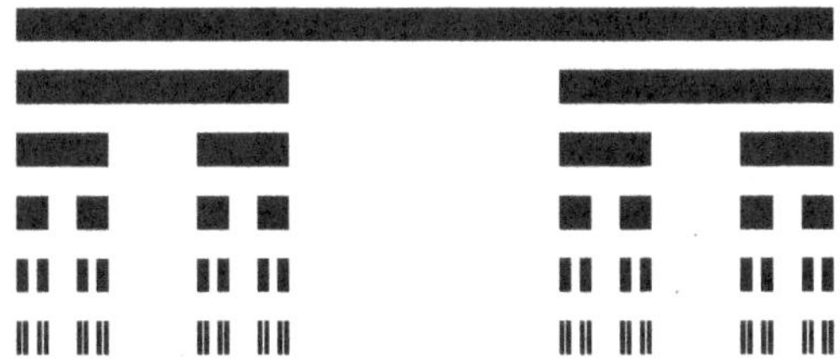

Wie groß ist der mittlere Abstand zwischen zwei beliebigen Strichen des Cantorstaubs?

83. Die letzte Chance

Ein grausamer König hat seine zwölf Astrologen in den Kerker werfen lassen, als eine ihrer Vorhersagungen nicht eintraf. Nun sollen sie am nächsten Tag hingerichtet werden. Der König geht in den Kerker und sagt: »Ich will euch eine letzte Chance geben. Ihr werdet morgen früh einzeln mit verbundenen Augen aus dem Kerker geführt. Ich werde jedem von euch am Ausgang einen Hut aufsetzen, der entweder weiß oder schwarz ist. Dann wird euch die Binde abgenommen. Ihr sollt euch dann anschließend auf dem großen Platz vor dem Kerker in einer Reihe aufstellen, und zwar so, dass die mit dem weißen Hut vorne und die mit dem schwarzen hinten in der Reihe stehen. Gelingt euch dies, werdet ihr alle freigelassen, steht aber auch nur einer falsch, werdet ihr alle hingerichtet. Keiner von euch kann seinen eigenen Hut sehen, wohl aber die Hüte derjenigen, die schon auf dem Platz stehen. Ihr dürft nicht miteinander sprechen oder euch irgendwelche Zeichen geben. Jeder, der den Kerker verlässt, kann sich hinstellen, wo er möchte, darf aber anschließend seinen Platz nicht mehr verlassen.«

Wie können die Astrologen ihr Leben retten?

84. Die Streichholzgleichung

Legen Sie genau drei Streichhölzer um, so dass eine korrekte Gleichung entsteht.

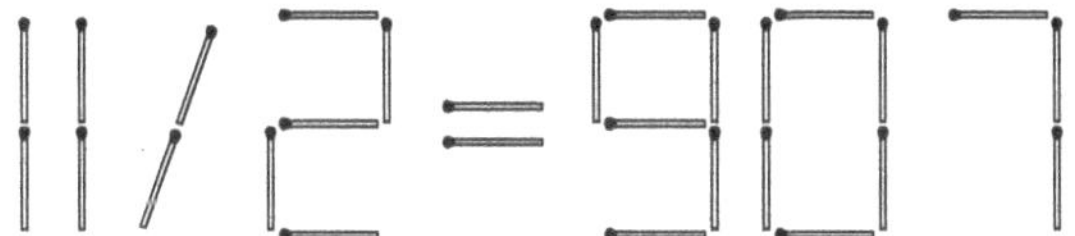

Das Gleichheitszeichen darf nicht verändert, also nicht zum Ungleichheits-, Größer- oder Kleinerzeichen werden.

85. Die bayrische Uhr

In Bayerns Souvenirgeschäften werden Uhren verkauft, deren Zeiger nicht rechtsherum laufen wie bei gewöhnlichen Uhren, sondern linksherum, und auf ihren Zifferblättern kann man »In Bayern geh'n die Uhren anders« lesen.

Eine solche bayrische Analoguhr mit Stunden- und Minutenzeiger hat statt der Zahlen nur Striche auf dem Zifferblatt. Angenommen, Sie werfen einen Blick auf diese Uhr, ohne dabei zu bemerken, dass es eine bayrische Uhr ist. Da Sie sie für eine gewöhnliche Uhr halten, wird sie aus Ihrer Sicht immer, falls es nicht gerade genau sechs oder zwölf Uhr ist, die falsche Zeit anzeigen.

Zu welchen Uhrzeiten jedoch haben die Zeiger auf der bayrischen Uhr eine Stellung auf dem Zifferblatt, die auch auf einer gewöhnlichen Uhr vorkommen könnte? Oder anders ausgedrückt: Angenommen, Sie hätten keine Ahnung, wie spät es ist, und Sie würden auf die bayrische Uhr schauen, ohne sie als solche zu erkennen, und Sie könnten die Zeigerstellungen beliebig genau ablesen. Zu welchen Uhrzeiten würden Sie nicht bemerken, dass die Uhr eine bayrische und keine gewöhnliche ist?

86. Die oberbayrische Uhr

Eine oberbayrische Uhr hat wie die bayrische Uhr aus der vorherigen Aufgabe einen Minuten- und einen Stundenzeiger, die linksherum laufen und nicht rechtsherum wie bei einer gewöhnlichen Uhr. Auf dem Zifferblatt stehen keine Zahlen, sondern nur Striche. Um die Verwirrung vollständig zu machen, sehen die beiden Zeiger genau gleich aus und sind durch nichts voneinander zu unterscheiden.

Angenommen, Sie wissen ganz genau, wie spät es ist, und werfen einen Blick auf diese oberbayrische Uhr, halten Sie aber für eine gewöhnliche Uhr, bei der nur die Zeiger gleich lang sind. Zu welchen Uhrzeiten würden Sie Ihren Irrtum nicht erkennen?

87. Eine Dreiecksteilung

Es ist sehr leicht, ein gleichseitiges Dreieck in drei ähnliche Figuren zu unterteilen, die entweder alle gleich groß sind oder alle verschieden groß sind.

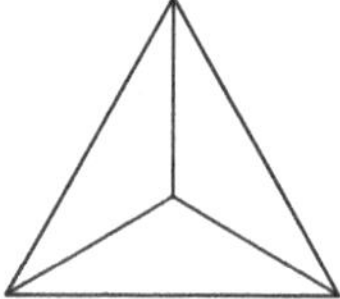 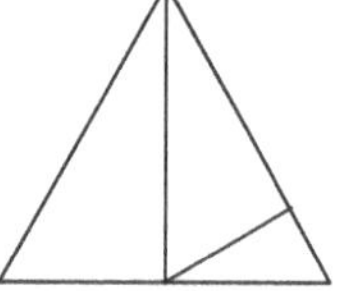

Doch lässt sich ein gleichseitiges Dreieck auch in drei ähnliche Teile zerlegen, von denen zwei gleich groß sind und das dritte eine andere Größe hat?

88. Würfelaufkleber

Ein Würfel lässt sich mit drei rechteckigen Aufklebern, die alle die Größe von zwei Würfelflächen haben, so bekleben, dass kein Stück seiner Oberfläche unbedeckt bleibt und außerdem die Aufkleber nirgendwo doppelt liegen.

Es ist auch sehr leicht, mit zwei, drei, vier oder sechs deckungsgleichen Aufklebern eine Würfeloberfläche vollständig abzudecken, ohne dass die Aufkleber sich überlappen. Die Abbildung zeigt für jeden Fall ein Beispiel.

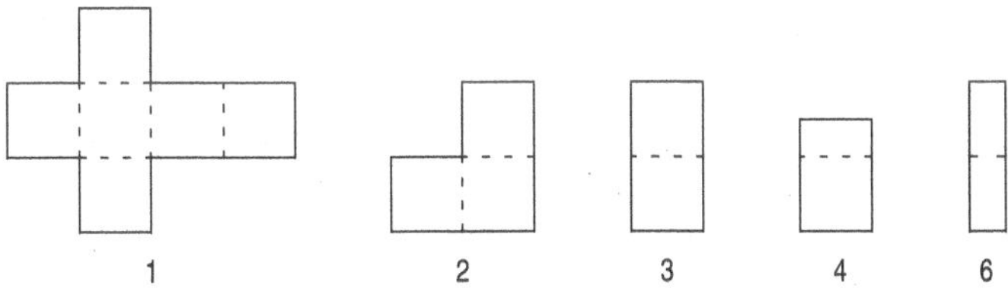

Doch kann man auch mit jeder anderen Anzahl, also 5, 7, 8, 9, 10, …, von deckungsgleichen Aufklebern einen Würfel komplett, aber überlappungsfrei bekleben?

89. Wechselgeld

Herr Krösus hat sich auf dem Schützenfest in Frenswegen ein Glas Bier bestellt. »Zwei Euro«, sagt die Kellnerin und stellt das Glas vor ihm auf den Tisch. Herr Krösus zieht ein Bündel 500-Euro-Scheine aus der Tasche und gibt der Kellnerin einen Schein. »Wir nehmen keine 500-Euro-Scheine«, sagt die Kellnerin. »Ich habe aber kein Kleingeld«, erwidert Herr

Krösus. Wortlos nimmt die Kellnerin das Glas Bier und verschwindet.

Herr Krösus wendet sich an den Mann, der neben ihm sitzt, und bittet ihn, ihm Geld zu wechseln. »Ich habe zwar recht viel Geld bei mir, wenn auch keinen einzigen 500-Euro-Schein«, sagt der Mann. »Dennoch kann ich Ihnen leider kein Geld wechseln.«

Wie viel Geld hat der Mann höchstens in seiner Börse?

90. Ein magischer Würfel

Verteilen Sie zwölf der Zahlen von 1 bis 13 so auf die Kanten eines Würfels, dass die Summe der Zahlen auf den Kanten, die sich an einer Ecke treffen, für jede Würfelecke gleich ist.

91. Endziffern von Quadratzahlen

Welche Quadratzahlen enden mit der Ziffernfolge 0987654321?

92. Torusfärbung

Verbindet man bei einem 4×4-feldigen Schachbrett die obere mit der unteren Kante und die linke mit der rechten Kante, entsteht ein Torus, dessen Oberfläche in sechzehn Felder unterteilt ist. Diese Felder sind nun natürlich keine Quadrate mehr, sondern verzerrte und gewölbte Vierecke.

Die Felder eines 2×2-Quadrates können auf sechzehn verschiedene Arten schwarz und weiß gefärbt werden.

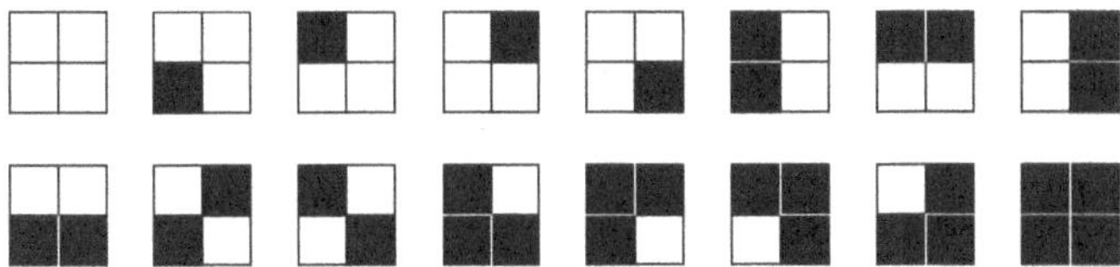

Wie muss man die Felder des Torus-Schachbretts schwarz oder weiß färben, damit die sechzehn Kombinationen aus 2×2 Feldern alle unterschiedlich aussehen? Oder anders ausgedrückt: Wie muss der Torus gefärbt werden, dass alle sechzehn Färbungsmöglichkeiten eines 2×2-Quadrates vorkommen?

93. Fakultäten

Für welche ganzzahligen Werte von n ist $n!$ nicht ohne Rest durch n^2 teilbar?

94. Das Divisionsskelett

In dieser Rechnung ist jede Ziffer durch ein Paragraphzeichen ersetzt worden. Der Strich über den acht Nachkommastellen des Quotienten bedeutet, dass sich diese periodisch wiederholen. Versuchen Sie, die Division zu rekonstruieren.

```
            ________
§§§§§ : §§§ = §§,§§§§§§§§
 §§§
-----
 §§§§
 §§§§
 ----
    §§§§
     §§§
    ----
      §§§
      §§§
      ---
      §§§§
      §§§§
      ----
       §§§§
       §§§§
       ----
         §§§
         §§§
         ---
          §§§
          §§§
          ---
            §
```

Wie viele verschiedene Lösungen gibt es, und wie sehen sie aus?

95. Die Zahlenreihe

Die Zahlen dieser Reihe sind nach einem bestimmten System ausgewählt und angeordnet worden.

1, 2, 2, 2, 1, 2, 2, 2, 1, 3, 2, 2, 2, 2, 1, 2, 2, 2, 2, 2, 1, 3, 2, 2, …

Wie könnten die beiden nächsten Zahlen lauten?

96. Ein Gerade-Ungerade-Kryptogramm

In dieser Multiplikation ist jede gerade Ziffer durch ein G und jede ungerade durch ein U ersetzt worden.

$$
\begin{array}{r}
\text{UGG} \times \text{GG} \\
\hline
\text{GUG} \\
\text{GUGG} \\
\hline
\text{UUGG}
\end{array}
$$

Versuchen Sie, die Rechnung zu rekonstruieren.

97. Zwillingszahlquadrate

Eine Zwillingszahl ist eine positive ganze Zahl mit 2*n* Ziffern, bei der die Folge der ersten *n* Ziffern genau gleich der Folge der letzten *n* Ziffern ist. Einige Beispiele sind 22, 5757, 19551955 und 3141531415. Zwillingszahlen dürfen keine führenden Nullen besitzen. Darum ist beispielsweise 023023 keine Zwillingszahl.

Welche ist die kleinste Zwillingszahl, die außerdem auch eine Quadratzahl ist?

98. Der Holzwurm und die Würfel

74088 gleich große Holzwürfel sind zu einem Quader zusammengeleimt worden, der 63 Würfel lang, 42 Würfel breit und 28 Würfel hoch ist. Eines Tages beginnt ein Holzwurm sich von einer unteren Ecke des Quaders entlang einer Raumdiagonalen quer durch den Quader bis zu einer oberen Ecke zu nagen. Wie viele Würfel zerstört er dabei? Dabei soll idealisiert angenommen werden, dass der Durchmesser des Loches, das der Wurm hinterlässt, unendlich klein ist. Berührt also der Weg des Wurms einen Würfel nur an einer Ecke oder entlang einer Kante, so wird dieser Würfel dadurch nicht zerstört.

99. Die Kugelschachtel

Wie groß muss eine würfelförmige Schachtel mindestens sein, damit vier Kugeln von je 20 cm Durchmesser in ihr Platz finden?

100. Magische Fünfecke

Verteilen Sie die Zahlen von 1 bis 10 so auf die zehn Felder des Fünfecks, dass die Summe der drei Zahlen auf jeder Seite den gleichen Wert ergibt.

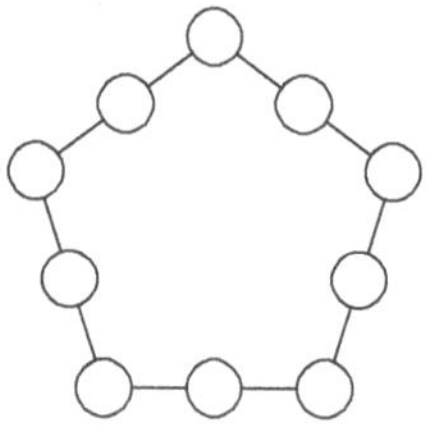

Wie viele verschiedene Lösungen gibt es?

Lösungen der einfachen Aufgaben

1. Ein dreifacher Mix

Üblicherweise müssen bei dieser Art Rätsel die Buchstaben durch arabische Ziffern ersetzt werden. Macht man das auch in diesem Fall, kann MIX maximal den Wert 987 haben und somit MIX + MIX + MIX niemals 3027 ergeben. Also muss bei dieser Aufgabe etwas anderes gemeint sein. Und das ist auch tatsächlich so. M, I und X sind römische Zahlenzeichen, und MIX bedeutet 1009. Nun stimmt die Rechnung, denn $3 \cdot 1009$ ergibt 3027.

Quelle: mslunsky, Internet, www.knobelforum.de, 24. September 2004. – Eine Lösung wird nicht angegeben.

2. Murmelsäckchen

Man kommt mit sieben Murmeln aus.

Die vier kleinsten Primzahlen sind 2, 3, 5 und 7. Man legt nun in das erste Säckchen zwei Murmeln. In das zweite Säckchen steckt man eine Murmel und dazu noch das erste Säckchen. Nun sind insgesamt drei Murmeln im zweiten Säckchen. In das dritte Säckchen kommen zwei Murmeln und das zweite Säckchen und in das vierte zwei Murmeln und das dritte Säckchen. Dadurch sind insgesamt fünf Murmeln im dritten und sieben Murmeln im vierten Säckchen.

Quelle: roymic (Pseudonym von Michael Royar), Internet, www.knobelforum.de, 16. Mai 2006. – Eine Lösung wird nicht angegeben.

3. Die Faltkarte

Wir bezeichnen die lange Seite der Karte mit a und die kurze mit b. Durch das Falten wird die Karte in die vier Quadrate A, B, C und D unterteilt.

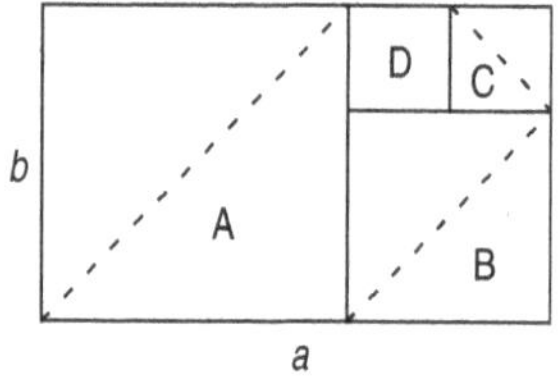

Die Seitenlänge des Quadrates A beträgt b. Da die zwei Quadrate A und B die ganze untere Seite der Karte einnehmen, muss das Quadrat B eine Länge von $a - b$ haben. Hieraus wiederum ergibt sich für das Quadrat C eine Länge von $b - (a - b) = 2b - a$. Entlang der oberen Kante der Karte sind die drei Quadrate A, D und C aufgereiht. Somit muss D eine Länge von $a - b - (2b - a) = 2a - 3b$ haben. Damit D auch tatsächlich ein Quadrat ist, müssen seine obere und seine rechte Seite gleich lang sein. Es gilt also $2a - 3b = 2b - a$ und somit $3a = 5b$. Daraus folgt, dass die Seiten der Karte im Verhältnis $a : b = 5 : 3$ stehen müssen.

Quelle: Aufgabe: Gerd Tinnefeld in: Heinrich Hemme, Bild der Wissenschaft 43, Dezember 2006, S. 108. – Lösung: Gerd Tinnefeld in: Heinrich Hemme, Bild der Wissenschaft 44, März 2007, S. 110.

4. Das Streichholzwort

Zwei Streichhölzer werden so umgelegt, dass das folgende Gebilde entsteht.

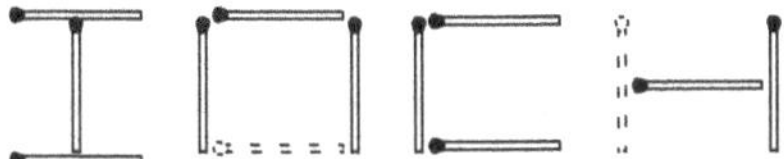

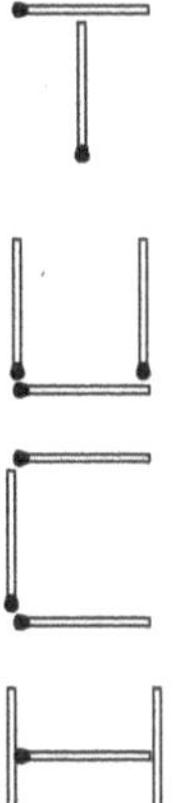

Schaut man sich die Symbole nun in umgekehrter Reihenfolge an, also von rechts nach links, erkennt man die vier Buchstaben T, U, C und H, die allerdings alle auf dem Rücken liegen. Dreht man dieses Buch um 90° gegen den Uhrzeigersinn, kann man das Wort TUCH, dessen Buchstaben untereinander stehen, lesen.

Quelle: Gilbert Obermair, Streichholz-Spielereien, 9. Auflage, München 1983, S. 16, 182.

5. Das Datum in Europa und Amerika

Da es nur zwölf Monate pro Jahr gibt, kann man an einem Datum, bei dem die erste oder die zweite Zahl größer als 12 ist, eindeutig erkennen, welche der beiden Zahlen der Monat und welche der Tag ist. Sind die beiden ersten Zahlen beide höchstens 12, aber gleich groß, kann man zwar nicht sehen, ob das Datum in Europa oder in Amerika geschrieben wurde, dennoch ist es eindeutig. Folglich gibt es elf Tage pro Monat und somit 132 Tage pro Jahr mit einer uneindeutigen Datumsschreibweise.

Quelle: Rompi (Pseudonym von Volker Wagner), Internet, www.knobelforum.de, 25. April 2007. – Eine Lösung wird nicht angegeben.

6. Die borromeischen Ringe

Sind die drei Ringe so wie in der Abbildung ineinander verschlungen, kann man sie alle voneinander befreien, indem man einen beliebigen Ring aufschneidet. Natürlich ist auch die spiegelbildliche Form eine mögliche Lösung.

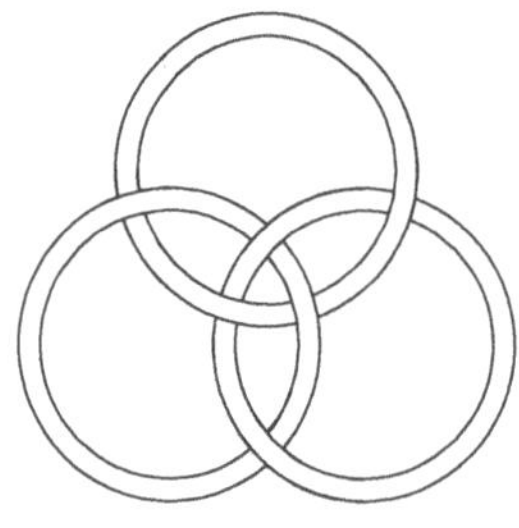

Diese Art der Verschlingung von drei Ringen ist nicht erst von der Familie Borromäus erfunden worden, sondern schon sehr viel älter. Man findet sie beispielsweise auch in mittelalterlichen Handschriften als Symbol der Heiligen Dreifaltigkeit. Eine Variante mit dreieckigen Ringen kannten auch schon die alten Germanen. Das Symbol, das man heutzutage Odins Dreieck nennt, hat die gleiche Verschlingung wie die borromeischen Ringe.

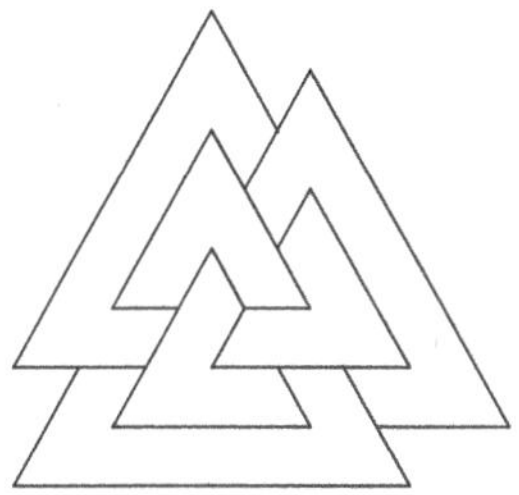

Quelle: unbekannt.

7. Zehn Finger hab ich an einer Hand

Die vier Verse geben die Anzahlen der Finger eines Menschen und seiner Zehen, die hier auch Finger genannt werden, völlig richtig an, wenn man ein Komma verschiebt und zwei Wortlücken einfügt.

Es schrieb ein Mann an eine Wand:
Zehn Finger hab ich, an einer Hand fünf
und zwanzig an Händen und Füßen,
wer dies liest, muss es zu lesen wissen.

Quelle: Josef J. Degrazia, Von Ziffern, Zahlen und Zeichen, Wien 1926, S. 8, 70.

8. Die Überfahrt

Mit vier Fahrten können die beiden Kinder (a) einen Erwachsenen (A) über den Fluss setzen und das Boot und sich selbst wieder zum ursprünglichen Ufer zurückbringen. Mit den nächsten vier Fahrten, die nach genau dem gleichen Muster ablaufen, wird der zweite Erwachsene über den Fluss gebracht. Durch eine letzte Fahrt überqueren die beiden Kinder den Fluss. Mit weniger als neun Fahrten ist das Problem nicht lösbar.

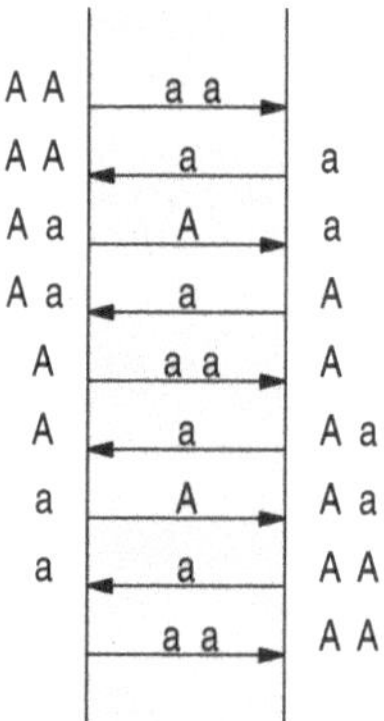

Mit diesem Verfahren können zwei Kinder sich und beliebig viele Erwachsene über den Fluss transportieren. Für n Erwachsene benötigen sie dafür $4n + 1$ Fahrten.

Quelle: Alkuin von York (ca. 732-804) (zugeschrieben), Propositiones ad acuendos iuvenes, Aufgabe XIX.

9. Der Bus

An dem Bus ist keine Tür zu sehen. Also blickt man auf die Fahrerseite, und folglich fährt der Bus nach links.

Quelle: Diese Aufgabe taucht seit etwa 2006 auf sehr vielen Internetseiten auf, so dass ich keine genaue Quelle feststellen kann.

10. Die Würfelecke

Alle Zahlen außer der Eins haben mindestens ein Auge an einer Würfelecke und können somit zu den drei sichtbaren Flächen gehören. Der Eins gegenüber liegt die Sechs. Da die Eins auf jeden Fall zu den drei unsichtbaren Flächen gehört, muss die Sechs auf einer der drei sichtbaren liegen. Welche Augenzahlen auf den zwei anderen sichtbaren Flächen liegen, lässt sich jedoch nicht erschließen.

Quelle: Rompi (Pseudonym von Volker Wagner), Internet, www.knobelforum.de, 24. Dezember 2007. – Eine Lösung wird nicht angegeben.

11. Das F-Puzzle

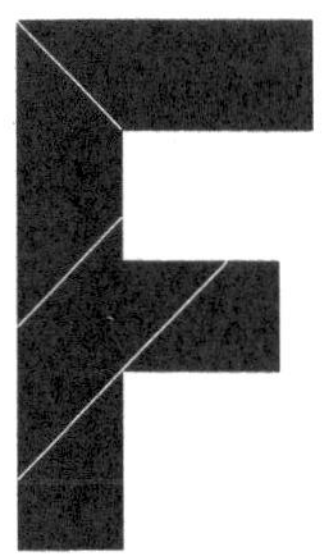

Die Aufgabe ist ohne jeden Trick lösbar.

Quelle: Anonymus, Internet, www.creativepuzzels.nl/spel/speel1/puzzel7-2.htm, 2007.

12. Richtig oder falsch?

Bis etwa 1200 wurde in Europa nur mit den komplizierten römischen Zahlen gerechnet. Dann übernahmen die Europäer nach und nach die einfacheren arabischen Zahlen. Sowohl in Europa als auch in den arabischen Ländern hat sich das Aussehen der Ziffern in den letzten 800 Jahren verändert. In den arabischen Ländern gingen sie jedoch einen anderen Weg als in Europa. Deshalb haben die Ziffern der heutigen Araber nur eine entfernte Ähnlichkeit mit unseren arabischen Ziffern.

٠ ١ ٢ ٣ ٤ ٥ ٦ ٧ ٨ ٩
0 1 2 3 4 5 6 7 8 9

Der Schüler hat bei seiner Rechnung die arabischen Zahlen der Araber verwendet. Mit unseren arabischen Ziffern geschrieben bedeutet sie 91 + 65 = 156, was zweifellos richtig ist.

Quelle: Aufgabe: Franz-Josef Schulte in: Heinrich Hemme, magazin (Wochenendbeilage der Aachener Zeitung und der Aachener Nachrichten), Nr. 131, 7. Juni 2008, S. 2. – Lösung: Franz-Josef Schulte in: Heinrich Hemme, magazin (Wochenendbeilage der Aachener Zeitung und der Aachener Nachrichten), Nr. 138, 14. Juni 2008, S. 2.

13. Die geheime Botschaft

In der Zeichnung ist der Männername *Heinrich* zu sehen.

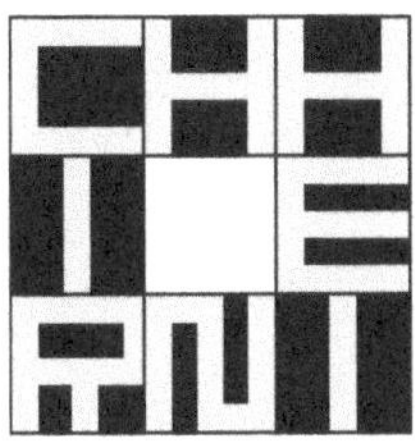

Er ist mit weißen Blockschriftbuchstaben geschrieben, von denen jeder vor einem schwarzen, quadratischen Hintergrund steht. Die acht Quadrate sind zu einem Ring geordnet, wobei das erste Quadrat rechts oben steht und die weiteren Quadrate im Uhrzeigersinn folgen.

Quelle: Serhiy Grabarchuk, Peter Grabarchuk und Serhiy Grabarchuk jun., The Simple Book of Not-So-Simple Puzzles, Wellesley 2008, S. 59, 105. – Im Original lautet das Wort nicht *Heinrich*, sondern *solution*.

14. Einige Zahlen

Es handelt sich um die Folge der im Deutschen einsilbigen Zahlwörter: null, eins, zwei, drei, vier, fünf, sechs, acht, neun, zehn, elf, zwölf. Alle anderen Zahlwörter haben mehr als eine Silbe. Es fehlt also nur die 3.

Quelle: Aufgabe: Matthias Schwoerer in: Heinrich Hemme, Internet, www.knobel-forum.de, 13. August 2008. – Lösung: Matthias Schwoerer, im vorliegenden Buch.

15. Die Zahlen auf den Würfelecken

Wir untersuchen zunächst einmal, mit welchen anderen Zahlen die acht Zahlen gepaart werden können, damit ihre Summe keine Primzahl ergibt.

0 – (1, 4, 6)	4 – (0, 2, 5, 6)
1 – (0, 3, 5, 7)	5 – (1, 3, 4, 7)
2 – (4, 6, 7)	6 – (0, 2, 3, 4)
3 – (1, 5, 6, 7)	7 – (1, 2, 3, 5)

Setzt man die 0 auf die vordere, untere, linke Ecke des Würfels, müssen auf den drei anderen Ecken, die über eine Kante damit verbunden sind, die Zahlen 1, 4 und 6 stehen. In welcher Reihenfolge sie auf die Ecken gesetzt werden, spielt keine Rolle, da durch Drehungen und Spiegelungen des Würfels diese alle ineinander übergehen.

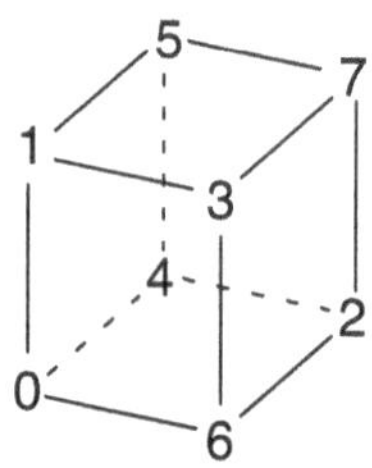

Die 2 muss mit der 4 und der 6 verbunden sein. Darum muss sie auf der noch freien Ecke der Würfelunterseite stehen. Dadurch liegt auch die Ecke für die 7 fest.

Der Rest ist nun einfach.

Abgesehen von dreh- und spiegelsymmetrischen Varianten hat das Problem nur eine einzige Lösung.

Quelle: Aufgabe: Bennett Battaile in: Martin Gardner, The Magic Numbers of Dr. Matrix, Buffalo 1985, S. 320. – Gardner schreibt in seinem Buch zwar, dass das Problem nur eine Lösung hat, gibt sie jedoch nicht an. – Lösung: im vorliegenden Buch.

16. Der Tangramhund

Durch einige zusätzliche Linien kann man das Tangramquadrat in sechzehn gleiche rechtwinklige, gleichschenklige Dreiecke unterteilen.

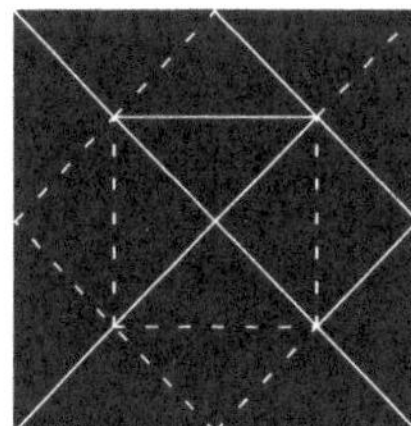

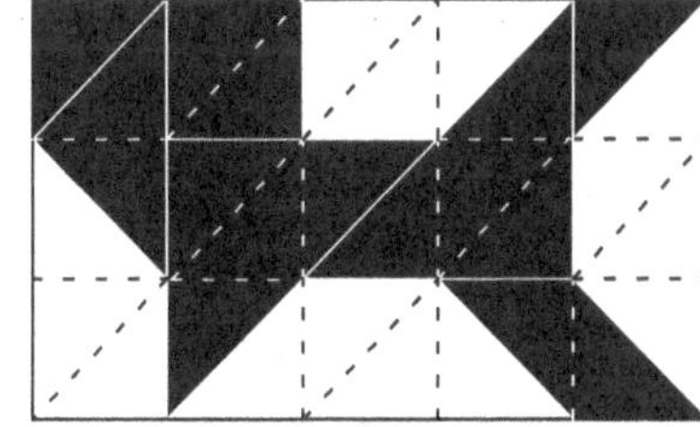

Mit den gleichen Dreiecken lässt sich auch das Rechteck füllen, in dem der Tangramhund liegt. Da man hierfür insgesamt dreißig Dreiecke benötigt, ist seine Fläche 30/16-mal so groß wie die Quadratfläche und hat somit eine Größe von 270 cm^2.

Quelle: Matematica (bulgarische Zeitschrift), vor 2009.

17. Buchstabenzeilen

Der Buchstabe in der ersten Zeile besteht aus einem geraden Strich, die Buchstaben der zweiten Zeile setzen sich aus zwei geraden Strichen und die der dritten Zeile aus drei geraden Strichen zusammen. Also könnten die Buchstaben der vierten Zeile aus vier geraden Strichen bestehen. Dies wären E, M und W.

I
L, T, V, X
A, F, H, K, N, Y, Z
E, M, W

Quelle: reg (Pseudonym), Internet, www.knobelforum.de, 31. Juli 2008. – Eine Lösung wird nicht angegeben.

18. Münzspalten

Um das Problem zu lösen, braucht man nur einen einzigen Zug zu machen und die zweite Münze der vorletzten Zeile mit der zweiten Münze der letzten Zeile zu vertauschen. Der kleine und etwas hinterhältige Trick dabei ist, dass man anschließend den Kopf beim Betrachten des Münzquadrats schräg nach links halten muss. Dadurch werden die von links oben nach rechts unten verlaufenden Diagonalen zu Spalten. Wie man sieht, enthält dann jede Spalte tatsächlich nur Münzen einer Sorte.

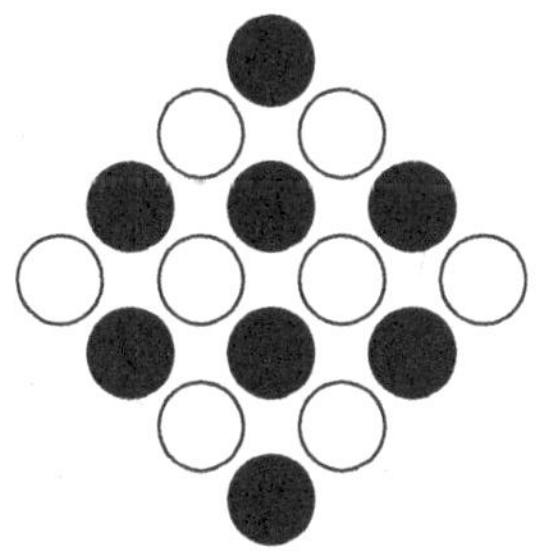

Quelle: roymic (Pseudonym von Michael Royar), Internet, www.knobelforum.de, 10. Oktober 2009. – Eine Lösung wird nicht angegeben.

19. Münzdreiecke

Es reicht aus, vier Münzen aus der Figur zu entfernen, damit sich kein gleichseitiges Dreieck mehr dort einzeichnen lässt, auf dessen drei Ecken Geldstücke liegen.

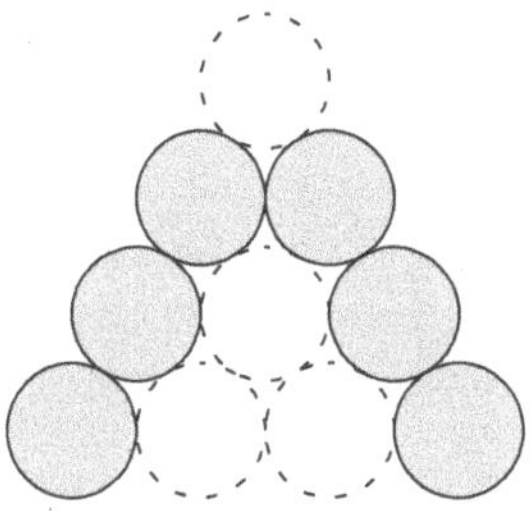

Diese Lösung ist die einzige, wenn man einmal von Drehungen des Musters absieht, die mit der Fortnahme von vier Münzen auskommt.

Quelle: Kobon Fujimura in: Martin Gardner, Scientific American 222, Februar 1970, S. 113, 114. – Kobon Fujimura in: Martin Gardner, Scientific American 222, März 1970, S. 123, 124. – Die Aufgabe ist zuvor schon in Japan in einem von Fujimuras Büchern erschienen.

20. Ein Quadrat aus Rechenstäbchen

Die sieben Stäbchen werden einfach nebeneinandergelegt, und da sie siebenmal so lang wie breit sind, ergeben sie so ein perfektes Quadrat.

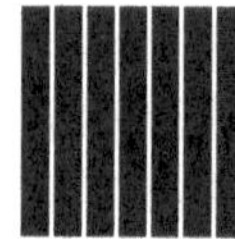

Es gibt auch noch eine Alternativlösung. Das Quadrat von 4 ist 16, und die Zahl 16 lässt sich mühelos aus sieben Stäbchen bilden.

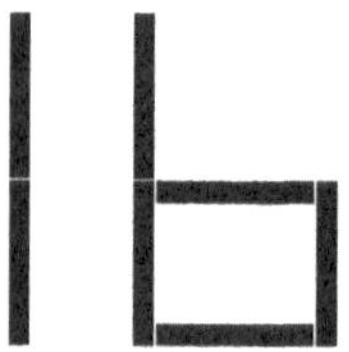

Quelle: Lloyd King, Amazing »Aha!« Puzzles, Morrisville 2004, S. 33, 137. – Alternativlösung: Franz-Josef Schulte, im vorliegenden Buch.

21. Die Streichholzgleichung

Aus dem M kann man durch Verschieben eines Streichholzes die beiden Buchstaben DI bilden. Dadurch steht nun links vom Gleichheitszeichen das französische Zahlwort DIX, das ZEHN bedeutet. Somit ist die Gleichung erfüllt.

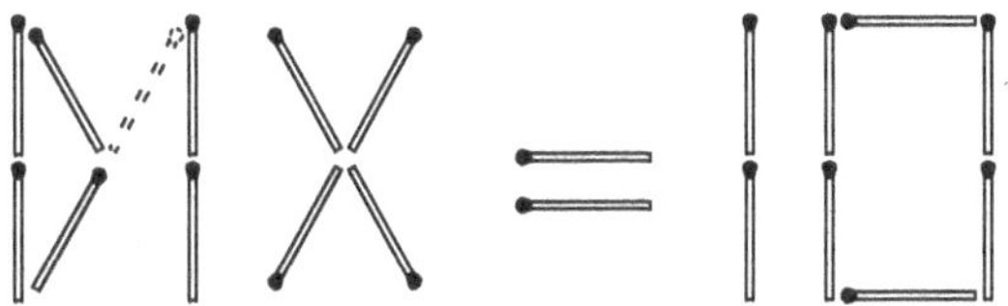

Quelle: Lloyd King, Amazing »Aha!« Puzzles, Morrisville 2004, S. 15, 129.

22. Der rollende Bleistift

Haben Sie als Lösung 20 Prozent herausbekommen? Das ist falsch! Es ist äußerst unwahrscheinlich, dass der Bleistift nach dem Ausrollen auf einer Kante stehen bleibt. Die Wahrscheinlichkeit, dass er zum Schluss auf einer seiner fünf Flächen liegt, ist also praktisch 100 Prozent. Liegt er aber auf einer Fläche, zeigt immer eine Kante genau nach oben. Die Wahrscheinlichkeit, dass die beschriftete Bleistiftseite genau nach oben zeigt, ist folglich 0.

Quelle: Peter Winkler, Mathematical Mind-Benders, Wellesley 2007, S. 1, 4.

23. Die Stellenzahl

Das Muster besteht aus sechs ineinander verschachtelten Linienzügen. Zieht man sie auseinander, so dass sie der Größe nach absteigend nebeneinanderstehen, kann man das Wort GOOGOL lesen.

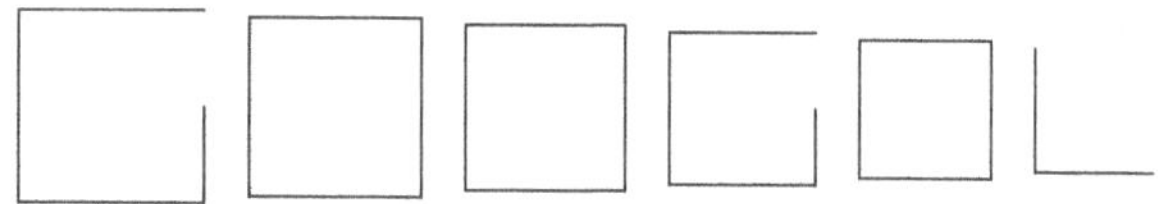

Für die Zahl zehn Sexdezilliarden = 10^{100} gibt es auch einen anderen, weit verbreiteten Namen. 1938 schrieb der amerikanische Mathematiker Edward Kasner (1878–1955) die Zahl 10^{100} auf ein Blatt Papier und forderte seinen neunjährigen Neffen Milton Sirotta auf, einen Namen für diese Zahl zu erfinden. Der Junge nannte sie Googol, und Kasner machte diesen neuen Zahlennamen sehr erfolgreich der Öffentlichkeit bekannt. Da ein Googol also eine Eins mit hundert Nullen ist, hat sie insgesamt 101 Stellen.

Für die Zahl $10^{\text{Googol}} = 10^{10^{100}}$ erfand Kasner selbst die Bezeichnung Googolplex. Diese Zahl hätte, wenn man sie ausmultiplizieren würde, mehr Nullen, als das gesamte Universum Elementarteilchen besitzt.

Der Name des Software-Unternehmens Google, das die gleichnamige Internetsuchmaschine betreibt, ist eine Verballhornung des Wortes Googol und soll sein Bestreben ausdrücken, mit seiner Suchmaschine möglichst viele Internetseiten zu indizieren. Der Firmenhauptsitz heißt übrigens Googleplex in Anlehnung an die Zahl Googolplex.

Quelle: Serhiy Grabarchuk jun., Internet, www.puzzles.com, 2009. – Die Aufgabe wurde für dieses Buch geringfügig verändert.

24. Die gerechte Weinteilung

Die neun Fässer enthalten insgesamt 45 Maß Wein, so dass jedem Bruder drei Fässer und 15 Maß Wein zustehen. Der Bruder, der das Fass mit der einen Maß Wein erhält, muss dazu noch die beiden Fässer mit 5 und 9 Maß oder mit 6 und 8 Maß bekommen. Andere Möglichkeiten gibt es nicht. Für beide Fälle liegt nun, wie man leicht überprüfen kann, eindeutig fest, welche Fässer die beiden anderen Brüder erhalten müssen.

1. Bruder: 1, 5, 9	1. Bruder: 1, 6, 8
2. Bruder: 2, 6, 7	2. Bruder: 2, 4, 9
3. Bruder: 3, 4, 8	3. Bruder: 3, 5, 7

Bei einem magischen Quadrat 3. Ordnung sind die Zahlen von 1 bis 9 so auf ein 3×3-feldiges Raster verteilt, dass die Summe der drei Zeilen, der drei Spalten und der beiden Diagonalen jeweils 15 ist. Dieses magische Quadrat gibt aber auch beide Lösungen des Verteilungsproblems wieder: Die drei Zeilen zeigen die erste Möglichkeit und die drei Spalten die zweite Möglichkeit.

6	7	2
1	5	9
8	3	4

Quelle: Abt Albert von Stade (ca. 1190–ca. 1270), Annales Stadenses.

25. Das geteilte Zifferblatt

Die Summe aller Zahlen von 1 bis 12 auf dem Zifferblatt einer Uhr beträgt 78. Die Zahlensumme auf den einzelnen Stücken, in die das Zifferblatt zerlegt werden soll, muss mindestens 12 sein, da ja die 12 auf einem der Stücke stehen muss. Weil 78/12 = 6,5 ist und die echten Teiler von 78, die kleiner als 6,5 sind, 2, 3 und 6 sind, kommen auch nur diese Anzahlen von Zifferblattstücken in Frage.

Zunächst einmal soll das Zifferblatt in sechs Teile zerschnitten werden. Da 78/6 = 13 ist, muss auf dem Teil, das die 12 enthält, auch noch die 1 stehen. Daraus folgt sofort, dass die anderen fünf Teile die Zahlenpaare 11 + 2, 10 + 3, 9 + 4, 8 + 5 und 7 + 6 enthalten müssen.

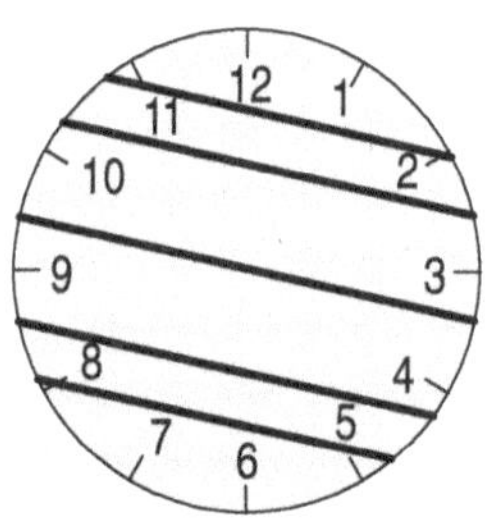

Nimmt man in der Zeichnung die oberste, die mittlere und die unterste Trennlinie fort, zerfällt das Zifferblatt in drei Stücke, die jeweils die Zahlensumme 26 haben. Lässt man hingegen nur die mittlere Trennlinie stehen, wird das Zifferblatt halbiert und beide Hälften haben jeweils eine Zahlensumme von 39.

Quelle: Boris A. Kordemski, Köpfchen, Köpfchen!, Leipzig 1963, S. 15, 223 (russische Originalausgabe: Moskau, 1959).

26. Dreiecke und Quadrate aus Streichhölzern

In der Ebene ist das Problem zwar unlösbar, nicht aber im Raum. Die Lösung ist ein regelmäßiges Oktaeder, dessen zwölf Kanten von den zwölf Streichhölzern gebildet werden und dessen acht Seitenflächen die in der Aufgabe verlangten gleichseitigen Dreiecke sind. Die drei Quadrate liegen im Inneren des Oktaeders und haben die Eckpunkte (B, C, D, E), (A, C, F, E) und (A, B, F, D).

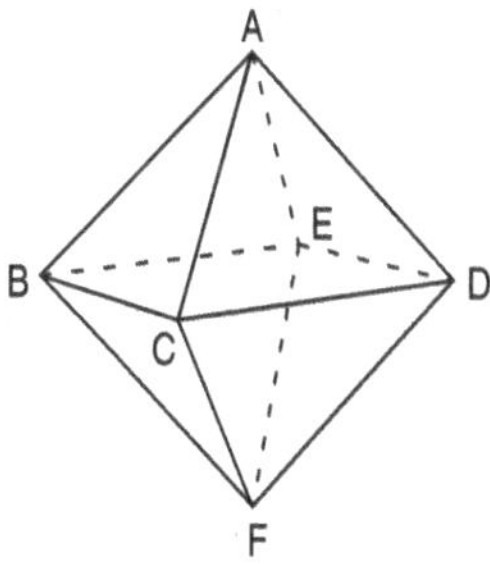

Quelle: Ed Pegg jun., Skyward (Flugmagazin von Japan Airlines), ca. 2008.

27. Das symmetrische Polygon

Das mittlere Teil muss herausgenommen, umgeklappt, um 90° gedreht und wieder in die Mitte gesetzt werden, dann erhält man ein Polygon mit einer vertikalen Spiegelachse.

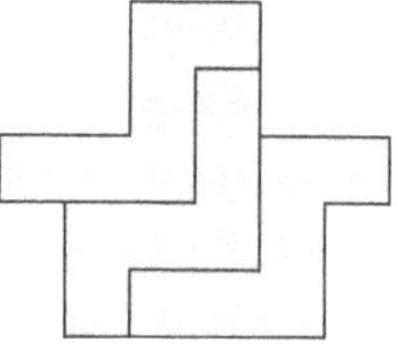

Quelle: Ed Pegg jun., Skyward (Flugmagazin von Japan Airlines), ca. 2008.

28. Der Schaltkreis

Der elektrische Widerstand wird von einem Draht überbrückt und hat deshalb keinerlei Funktion. Man könnte ihn genauso gut fortlassen, ohne dass sich an dem Verhalten der Schaltung etwas ändert. Der Schaltkreis symbolisiert deshalb den Satz »Widerstand ist zwecklos!«.

Quelle: Es gibt seit einigen Jahren T-Shirts zu kaufen, die mit der Schaltung und der Aufschrift »Widerstand ist zwecklos« bedruckt sind. Eine Aufgabe ist erst später daraus entstanden. – Aufgabe: Heinrich Hemme, Internet, www.knobelforum.de, 16. April 2010. – Lösung: Heinrich Hemme, im vorliegenden Buch.

29. Eine seltsame Gleichung

Setzt man das Pluszeichen direkt unter den Kreis, erhält man das Venussymbol ♀, das in der Biologie für *weiblich* steht. *Männlich* hingegen wird durch das Marssymbol ♂ ausgedrückt.

$$X\ X = ♀$$

Frauen haben zwei X-Geschlechtschromosomen, während Männer ein X- und ein Y-Geschlechtschromosom besitzen. Die Gleichung, die aus der Biologie stammt, besagt also, dass zwei X-Chromosomen einer Frau entsprechen. Die analoge Gleichung für Männer hat die Form XY = ♂.

Quelle: Lloyd King, Amazing »Aha!« Puzzles, Morrisville 2004, S. 25, 134.

30. Quadrate voller Herzen

Die Seiten der Quadrate müssen nicht unbedingt parallel zur äußeren Umrandung liegen. Auch ist in der Aufgabe nicht verlangt worden, dass die Felder, in denen die Herzen liegen sollen, quadratisch sein müssen. Man kommt deshalb mit nur zwei zusätzlichen Quadraten aus.

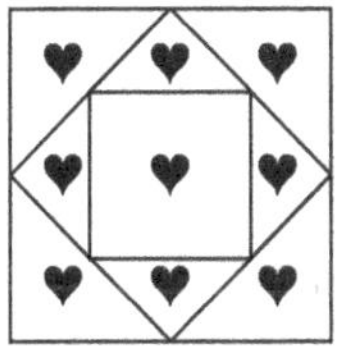

Quelle: Tom Werneck, Denkspielereien, München 1979, S. 24, 146. – Werneck verlangt, dass das Quadrat mit genau zwei weiteren Quadraten geteilt werden soll. – Frage nach der Mindestzahl der Quadrate: Sbodeschuh (Pseudonym für Sonja Bode-Schuhmann), Internet, www.knobelforum.de, 15. April 2006.

31. Littlewoods Fußnoten

Littlewood konnte zwar kein Französisch, aber da er wusste, was die zweite Fußnote bedeutet, konnte er sie noch einmal abschreiben und als dritte Fußnote anfügen. Deshalb benötigte er keine weitere Übersetzung und brauchte keinem Übersetzer mehr zu danken.

Quelle: Die Anekdote steht in: John Edensor Littlewood, A Mathematician's Miscellany, London 1953, S. 41. Erst Martin Gardner hat daraus ein Rätsel gemacht. – Aufgabe: Martin Gardner, Scientific American 207, Oktober 1962, S. 136. – Lösung: Martin Gardner, Scientific American 207, November 1962, S. 164.

32. Drei Bedingungen

Die Lösung der Aufgabe ist der einzelne Buchstabe A. Damit sind die zweite und die dritte Bedingung erfüllt, und die erste Bedingung wird verletzt.

Quelle: KaiannEntar (Pseudonym von Helge Blohmer), Internet, www.knobelforum.de, 21. März 2004. – Eine Lösung wird nicht angegeben.

33. Das triangulierte Rechteck

Zeichnet man zwei Parallelen zu den Außenlinien der Figur, die durch den gemeinsamen Punkt der vier Dreiecke verlaufen, zerfällt sie in vier Rechtecke, die durch Diagonalen halbiert sind.

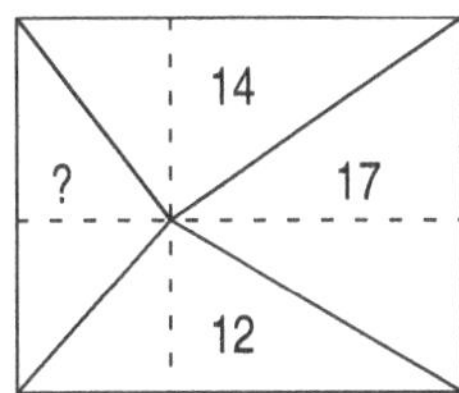

Da die Summe von je einer Hälfte der beiden unteren Rechtecke 12 beträgt und die Summe von je einer Hälfte der beiden oberen Rechtecke 14, muss die gesamte Figur einen Inhalt von $2 \cdot (12 + 14) = 52$ haben. Zieht man hiervon die Inhalte der drei bekannten Dreiecke ab, bleibt für das unbekannte Dreieck noch eine Fläche von 9 übrig.

Quelle: Herbert Nell, Internet, www.mathe-spass.de/knob_s02.htm, Sommer 2002. – Nach Auskunft von Nell erschien die Aufgabe in der Zeitschrift *stern* 1999 oder 2000. Ich habe dies nicht überprüfen können.

34. Der erfolgreiche Bettler

Der Bettler sagt zu dem reichen Mann: »Sie werden mir weder zwei Euro noch eine Million Euro geben.«

Würde der Reiche dem Bettler eine andere Summe als zwei Euro oder eine Million Euro geben, wäre die Behauptung des

Bettlers wahr, und er müsste ihm zwei Euro geben. Dies ist aber ein Widerspruch.

Gäbe der reiche Mann dem Bettler aber zwei Euro, wäre die Behauptung des Bettlers falsch, und er dürfte ihm keine zwei Euro geben. Auch dies ist ein Widerspruch.

Die einzige Möglichkeit, die dem Reichen bleibt, ist, dem Bettler eine Million Euro zu geben. Nun ist die Behauptung des Bettlers falsch, und der reiche Mann gibt ihm deshalb auch tatsächlich eine andere Summe als zwei Euro.

Quelle: Raymond M. Smullyan, Forever Undecided, New York 1987, S. 3, 7.

Lösungen der mittelschweren Aufgaben

35. Die Trapezfläche

Der Flächeninhalt eines Dreiecks ist das halbe Produkt aus einer seiner Seiten und der dazugehörigen Höhe. Die beiden Dreiecke A und B haben für ihre Seiten a und b die gemeinsame Höhe h und somit die Flächeninhalte

$$A = \frac{1}{2}ah$$
$$B = \frac{1}{2}bh\ .$$

Teilt man die Fläche A durch die Fläche B, erhält man $A/B = a/b$.

Auch die beiden Dreiecke C und D haben die Grundseiten a und b und eine gemeinsame Höhe k. Das Verhältnis ihrer Flächeninhalte beträgt somit ebenfalls $C/D = a/b$.

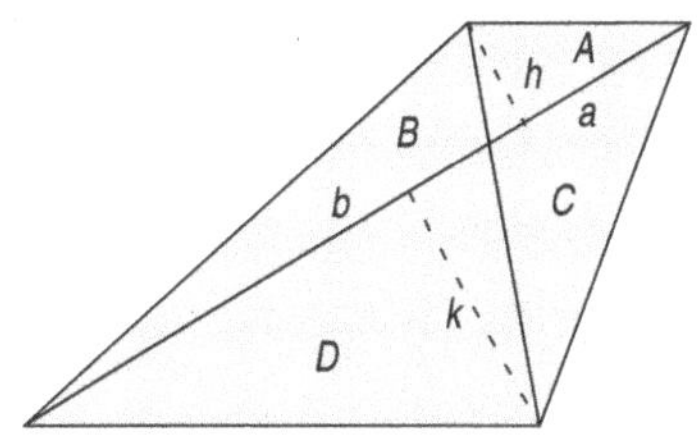

Aus diesen Gleichungen folgt, dass $A/B = C/D$ oder $AD = BC$ ist. Das Dreieck, das von den Flächen B und D gebildet wird, und das Dreieck aus den Flächen C und D haben die untere Trapezseite als gemeinsame Grundseite. Da die obere Seite des Trapezes parallel zur unteren verläuft, haben diese beiden Dreiecke auch die gleiche Höhe.

Somit ist $B + D = C + D$ und damit $B = C$. Setzt man dies in die obige Gleichung ein, erhält man $AD = B^2 = C^2$ oder $\sqrt{AD} = B = C$. Folglich hat die gesamte Trapezfläche F die Größe:

$$F = A + B + C + D$$
$$F = A + 2\sqrt{AD} + D$$
$$F = \left(\sqrt{A} + \sqrt{D}\right)^2$$

Quelle: Aufgabe: Anonymus, International Mathematical Talent Search, Runde 7, Internet, www.math.ca/Competitions/IMTS/imts7.html, ca. 1994. – Lösung: Nick Hobson, Internet, http://qbyte.org/puzzles/p055s.html, 2003.

36. Kalenderwochen

Ein Gemeinjahr hat 365 und ein Schaltjahr 366 Tage. Alle Jahre, deren Zahl durch 4 teilbar ist, sind Schaltjahre. Ausnahmen sind die Jahre, deren Zahl durch 100, aber nicht durch 400 teilbar ist. Sie sind Gemeinjahre. Das heißt, dass 1900 kein Schaltjahr war, obwohl die Jahreszahl durch 4 teilbar ist, denn sie ist auch durch 100, aber nicht durch 400 teilbar. Das Jahr 2000 hingegen war ein Schaltjahr, denn die Jahreszahl ist zwar durch 100 teilbar, aber auch durch 400.

In jedem beliebigen Zeitraum von 400 Jahren gibt es folglich 97 Schaltjahre und 303 Gemeinjahre. Somit haben 400 Jahre eine Länge von 97 · 366 + 303 · 365 = 146097 Tagen. Da 146097 = 20871 · 7 ist, bestehen 400 Jahre aus exakt 20871 Wochen. Das bedeutet, alle 400 Jahre wiederholt sich die gleiche Abfolge der Wochentage des 1. Januars und die der Gemein- und Schaltjahre. Man braucht also nur die Kalenderwochenzahl des 1. Januars eines beliebigen Intervalls von 400 Jahren zu untersuchen.

Wenn mindestens vier Tage der Woche, in der der 1. Januar eines Jahres liegt, in dieses Jahr fallen, ist sie die 1. Kalenderwoche. Das heißt, ist der 1. Januar ein Montag, Dienstag, Mittwoch oder Donnerstag, fällt er in die 1. Kalenderwoche.

Damit ein Jahr eine 53. Kalenderwoche besitzt, müssen die beiden angebrochenen Wochen, die am Anfang und am Ende des Jahres liegen, beide zu diesem Jahr zählen. Das ist nur dann so, wenn mindestens vier Tage in das betreffende Jahr fallen. Ein Gemeinjahr muss darum mit einem Donnerstag beginnen und enden, und ein Schaltjahr muss mit einem Mittwoch oder Donnerstag beginnen und mit einem Donnerstag oder Freitag enden. Fällt also der 1. Januar nach einem Gemeinjahr auf einen Freitag oder nach einem Schaltjahr auf einen Freitag oder Samstag, gehört er zur 53. Woche des Vorjahrs.

Nun bleiben noch die Möglichkeiten, dass der 1. Januar nach einem Gemeinjahr auf einen Samstag oder Sonntag und nach einem Schaltjahr auf einen Sonntag fällt. In diesen Fällen muss der 1. Januar zur 52. Kalenderwoche des Vorjahres gehören.

In der Tabelle sind noch einmal alle Möglichkeiten zusammengefasst.

Vorjahr:	Wochentag des 1. Januars:						
	Mo	Di	Mi	Do	Fr	Sa	So
Gemeinjahr	1	1	1	1	53	52	52
Schaltjahr	1	1	1	1	53	53	52

Nun bleibt noch für einen Zeitraum von 400 Jahren zu überprüfen, auf welchen Wochentag und somit in welche Kalenderwoche jeweils der 1. Januar fällt. Nimmt man einen beliebigen Startpunkt, beispielsweise den 1. Januar 2011, der auf einen Samstag fällt, kann man sich mühelos durch die 400 Jahre hangeln, denn der Wochentag des 1. Januar rückt nach Gemeinjahren immer um einen Tag und nach Schaltjahren immer um zwei Tage vor. Für 400 Jahre erhält man auf diese Weise folgende Verteilung:

1. Kalenderwoche: 228 Neujahrstage
52. Kalenderwoche: 101 Neujahrstage
53. Kalenderwoche: 71 Neujahrstage

Die Wahrscheinlichkeit, dass der 1. Januar in die 1. Kalenderwoche fällt, beträgt somit 228/400 = 57 %, dass er in die 52. Kalenderwoche fällt, 101/400 = 25,25 %, und dass er in die 53. Kalenderwoche fällt, 71/400 = 17,75 %.

Quelle: Aufgabe: Heinrich Hemme, Internet, www.knobelforum.de, 15. Dezember 2009. – Lösung: Heinrich Hemme, im vorliegenden Buch.

37. Eine Buchstabenreihe

Die Reihe besteht aus den Endbuchstaben der zwölf Monatsnamen Januar, Februar, März, April, Mai, Juni, Juli, August, September, Oktober, November und Dezember. Der fehlende zwölfte Buchstabe ist also ein R.

R, R, Z, L, I, I, I, T, R, R, R, R

Quelle: Andreas Konow, Internet, www.knobelforum.de, 3. Dezember 2005. – Eine Lösung wird nicht angegeben.

38. Eine zweite Buchstabenreihe

Die Buchstaben des Morsealphabets setzen sich aus lauter kurzen Signalen (·) und langen Signalen (–) zusammen. Ordnet man sie lexikalisch, wobei · vor – kommt, erhält man die Reihe aus der Aufgabe.

E	·	U	· · –	H	· · · ·	X	– · · –
T	–	R	· – ·	V	· · · –	C	– · – ·
I	· ·	W	· – –	F	· · – ·	Y	– · – –
A	· –	D	– · ·	L	· – · ·	Z	– – · ·
N	– ·	K	– · –	P	· – – ·	Q	– – · –
M	– –	G	– – ·	J	· – – –		
S	· · ·	O	– – –	B	– · · ·		

Quelle: Chris Cole, Internet, www.faqs.org/faqs/puzzles/archive/series/index.html, 17. August 1993.

39. Die Würfeleckenpyramide

Der gesuchte Winkel β liegt in dem rechtwinkligen Dreieck ABC, dessen Katheten eine Würfelkante a und eine halbe Würfelflächendiagonale $b = \frac{1}{2}\sqrt{2}a$ lang sind. Den Winkel β kann man nun mit der Arcustangensfunktion berechnen.

$$\beta = \arctan\left(\frac{a}{b}\right) = \arctan\left(\frac{a}{\frac{1}{2}\sqrt{2}a}\right) = \arctan\sqrt{2} \approx 54{,}7^\circ .$$

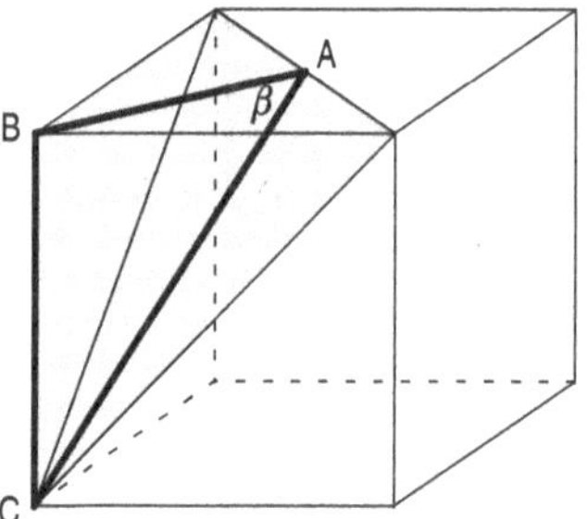

Quelle: Aufgabe: Hilde Schunk, magazin (Wochenendbeilage der Aachener Zeitung und der Aachener Nachrichten), Nr. 27, 9. Juli 2005, S. 25. – Lösung: Helmut Postl, im vorliegenden Buch.

40. Herz, Pik, Kreuz

Addiert man zwei zweistellige Zahlen und erhält als Summe eine dreistellige Zahl, muss die Anfangsziffer der Summe eine 1 sein. Das bedeutet ♥ = 1.

♥♠ + ♥♠ = ♥♣♥

Die Einerstellen der beiden Summanden sind gleich. Ihre Summe ist also geradzahlig. Folglich muss auch die Endziffer des Ergebnisses gerade sein. Nun ist diese jedoch ein Herz und somit eine 1. Im Dezimalsystem ist eine auf 1 endende Zahl aber immer ungerade. Also ist die Aufgabe im Dezimalsystem nicht lösbar.

Wie sieht es jedoch in anderen Zahlensystemen aus? In allen Systemen mit gerader Basis sind Zahlen, die auf 1 enden, ungerade. Bei Systemen mit ungerader Basis können auf 1 endende Zahlen jedoch auch gerade sein.

Die Summe zweier zweistelliger, mit 1 beginnender Zahlen ist eine dreistellige Zahl. Dies ist nur im Zweier- und im Dreiersystem möglich. Das Zweiersystem scheidet aus, da es nur zwei verschiedene Ziffern hat. Also kann es sich nur um das Dreiersystem handeln, und die beiden Möglichkeiten sind 10 + 10 = 121 und 12 + 12 = 101. Durch eine Probe sieht man nun sofort, dass die zweite Möglichkeit die Lösung des Rätsels ist.

Quelle: Aufgabe: Harry L. Nelson in: Martin Gardner, Scientific American 219, September 1968, S. 219. – Lösung: Harry L. Nelson in: Martin Gardner, Scientific American 219, Oktober 1968, S. 125.

41. Maschinenschaden

Am einfachsten lässt sich das Problem lösen, wenn man sich zunächst einmal ein Weg-Zeit-Diagramm der tatsächlichen Zugfahrt und der beiden möglichen Fahrten zeichnet. Um nur mit ganzen Zahlen rechnen zu müssen, sind alle Zeiten in Minuten angegeben.

Die Geschwindigkeit des Zuges auf dem 4. und 5. Wegabschnitt beträgt v. Daraus ergibt sich für diese beiden Abschnitte

$$v = \frac{60\,\text{km}}{t_1} = \frac{s_2}{t_2}.$$

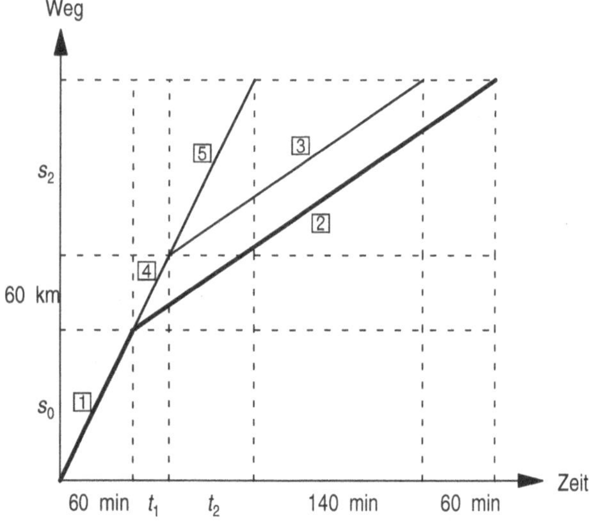

Auf den Abschnitten 2 und 3 fährt der Zug nur mit einem Drittel dieser Geschwindigkeit. Somit gilt

$$\frac{v}{3} = \frac{60\,\text{km} + s_2}{t_1 + t_2 + 200\,\text{min}} = \frac{s_2}{t_2 + 140\,\text{min}}.$$

Löst man dieses Gleichungssystem auf, erhält man $v = 2$ km/min, $s_2 = 140$ km, $t_1 = 30$ min und $t_2 = 70$ min.

Nun kann man auch für den 1. Wegabschnitt

$$s_0 = v \cdot 60\,\text{min} = 120\,\text{km}$$

ermitteln. Somit erhält man eine Gesamtfahrtstrecke des Zuges von 320 km.

Quelle: Rompi (Pseudonym von Volker Wagner), Internet, www.knobelforum.de, 8. Mai 2004. – Eine Lösung wird nicht angegeben.

42. Das E-Puzzle

Da das E und somit auch das daraus entstehende Quadrat eine Fläche von 10 Quadrateinheiten haben, müssen die Seiten des Quadrates $\sqrt{10}$ Einheiten lang sein. Eine Diagonale durch ein Rechteck, das aus drei nebeneinanderliegenden Quadraten besteht, hat genau diese Länge. Darum ist es möglich, dass man die vier Quadratseiten durch Diagonalschnitte durch zwei Quadrattripel erreichen kann.

Legt man die beiden Diagonalschnitte so durch den unteren Balken des E und durch das Mittelstück des Stamms, wie es die Abbildung zeigt, braucht man nur noch den oberen Balken abzuschneiden und dann davon ein Quadrat abzutrennen, um die so entstandenen fünf Stücke zu einem Quadrat zusammensetzen zu können. Mit weniger Teilen gelingt es jedoch nicht.

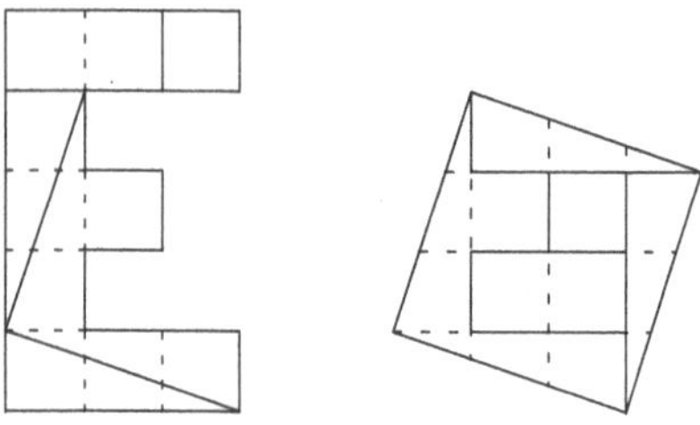

Quelle: Henry Ernest Dudeney, The Strand Magazine 71, 1926, S. 103-104.

43. Das zweite E-Puzzle

Wenn man einzelne Teile des E umklappen darf, gelingt die Quadratur schon durch eine Zerlegung in nur vier Teile.

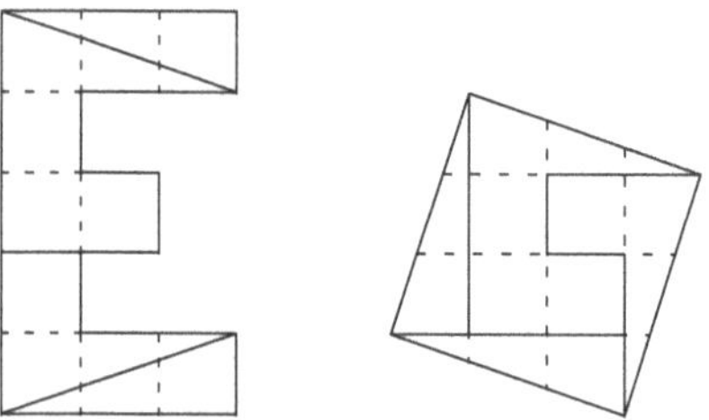

Quelle: Aufgabe: Henry Ernest Dudeney, The Strand Magazine 71, 1926, S. 103-104. – Lösung: Henry Ernest Dudeney, 536 Puzzles & Curious Problems, Hrsg. Martin Gardner, New York 1967, S. 316. – Dudeney schreibt im Strand Magazine zwar, dass die Lösung vierteilig ist, gibt sie aber nicht an.

44. Wahrheit und Lüge

Wir bezeichnen die drei Grazien mit A, B und C. Außerdem soll L für die Lügnerin stehen, W für die Wahrheitssagerin und M für die Grazie, die manchmal lügt und manchmal die Wahrheit sagt.

Es gibt insgesamt sechs Möglichkeiten, wie diese Eigenschaften auf die drei Grazien verteilt sein können.

	A	B	C
1.	W	L	M
2.	W	M	L
3.	L	M	W
4.	L	W	M
5.	M	W	L
6.	M	L	W

Münchhausen fragt nun die Grazie A: »Ist es wahrscheinlicher, dass B eher die Wahrheit sagt als C?« Antwortet sie mit »Ja«, dann sind die erste und die vierte Möglichkeit ausgeschlossen, und er weiß, dass C nicht M sein kann. Antwortet die Grazie jedoch mit »Nein«, sind die zweite und dritte Möglichkeit ausgeschlossen und B kann nicht M sein.

Egal wie die Antwort auch ausfällt, Münchhausen kennt danach auf jeden Fall eine Grazie, die mit Sicherheit nicht M ist. An diese richtet er nun die Frage: »Was würde mir deine Schwester, die nicht diejenige ist, die nur manchmal lügt, auf folgende Frage antworten: Ist dies der richtige Weg in die nächste Stadt?«, wobei er auf einen der beiden Wege zeigt.

Hat Münchhausen seine Frage an L gerichtet, wird die Schwester W die Frage wahrheitsgemäß beantworten und L sie dann ins Gegenteil verkehren. Lautet die Antwort also »Nein«, ist dies der richtige Weg, lautet sie »Ja«, ist es der falsche.

Hat Münchhausen hingegen W gefragt, wird die Schwester L die Frage falsch beantworten und W dies dann auch so wiedergeben. Auch in diesem Fall gilt also, dass der Weg bei einem »Nein« richtig und bei einem »Ja« falsch ist.

Quelle: Aufgabe: Howard De Long in: Martin Gardner, Scientific American 212, März 1965, S. 112-113. – Lösung: Howard De Long in: Martin Gardner, Scientific American 212, April 1965, S. 132, 134.

45. Die Knauth'sche Figur

Betrachten wir zunächst einmal eine Knauth'sche Figur, bei der aus dem Quadrat mit der Seitenlänge 1 alle Linien bis auf drei entfernt worden sind. Dreht man das Dreieck AED im Uhrzeigersinn um 90°, kann man es so verschieben, dass es mit dem Dreieck EFB zusammenfällt. Folglich schneiden sich die Strecken AD und BE rechtwinklig im Punkt C.

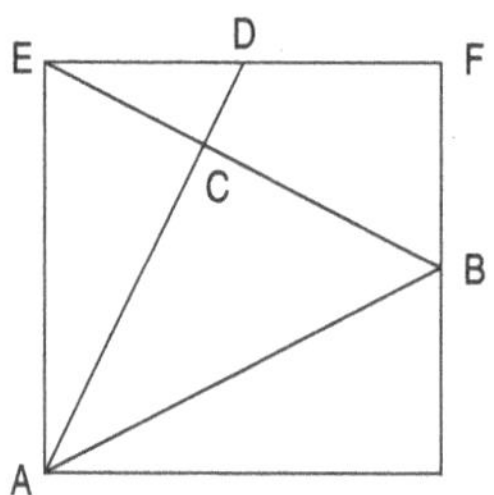

Die beiden Dreiecke ACE und AED sind somit rechtwinklig. Da sie den gemeinsamen Winkel CAE haben, sind sie auch ähnlich. Die Längen der Katheten des Dreiecks AED und wegen der Ähnlichkeit auch die des Dreiecks ACE stehen im Verhältnis

$$\frac{DE}{AE} = \frac{CE}{AC} = \frac{1}{2}.$$

Da AC = 2 CE und CD = ½ CE ist, gilt:

$$AD = AC + CD$$
$$AD = 2\,CE + \frac{1}{2}CE$$
$$AD = \frac{5}{2}CE$$

Weil BE = AD ist, ergibt sich:

$$BC = BE - CE$$
$$BC = AD - CE$$
$$BC = \frac{5}{2}CE - CE$$
$$BC = \frac{3}{2}CE$$

Setzen wir nun noch CE = ½ AC ein, erhalten wir für das Dreieck ACB das Kathetenverhältnis

$$\frac{BC}{AC} = \frac{3}{4}.$$

Schauen wir uns nun die vollständige Knauth'sche Figur an. Sie enthält rechtwinklige Dreiecke mit einem Kathetenverhältnis von 1 : 2 in drei verschiedenen Größen I, II und III.

Von allen drei Größen kommen jeweils acht Dreiecke vor, so dass es insgesamt 24 gibt.

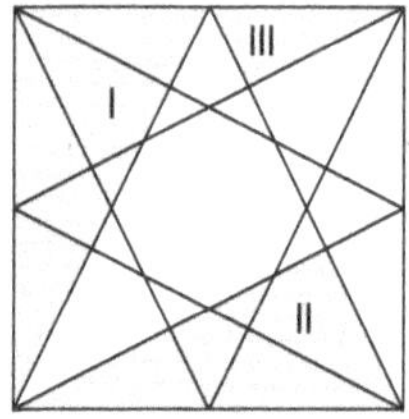

Rechtwinklige Dreiecke mit einem Kathetenverhältnis von 3 : 4 treten in der Knauth'schen Figur sogar in vier verschiedenen Größen auf. Da es von jeder Größe acht Dreiecke gibt, sind es insgesamt 32.

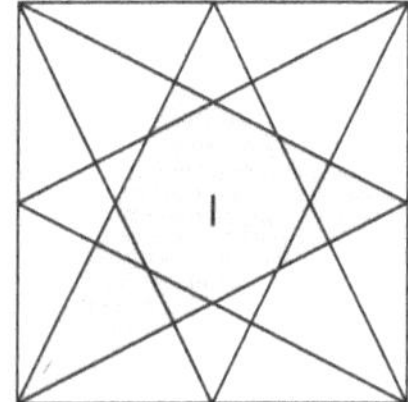

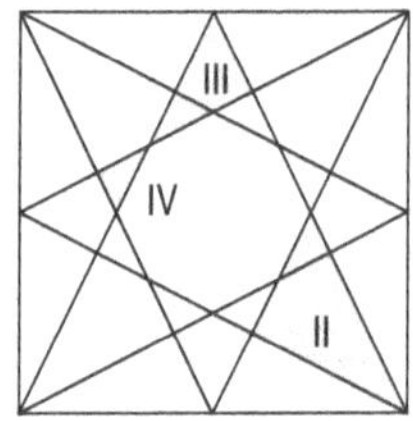

Quelle: Anna Maria Fraedrich, Die Satzgruppe des Pythagoras, Mannheim 1995, S. 344-345.

46. Die längste Woche

Bis zum 31. Dezember 1975 begann eine Woche immer am Sonntag um 0 Uhr und endete am Samstag um 24 Uhr. Am 1. Januar 1976 wurden jedoch der Wochenbeginn und das Wochenende um einen Tag verschoben. Seitdem beginnt eine Woche jeweils montags um 0 Uhr und endet sonntags um 24 Uhr. Dies ist in der DIN 1355 verbindlich festgelegt.

Das bedeutet aber, dass beim Jahreswechsel von 1975 nach 1976 die Woche vom Sonntag, den 28. Dezember, 0 Uhr bis zum Sonntag, den 4. Januar, 24 Uhr dauerte und somit acht Tage lang war.

Quelle: Aufgabe: Heinrich Hemme, Internet, www.knobelforum.de, 9. Januar 2007. – Lösung: Heinrich Hemme, im vorliegenden Buch.

47. Würfelvielfalt

Wenn man einen Würfel so dreht, dass die Eins auf der Oberseite und die Fünf auf der Vorderseite liegt, dann müssen die Sechs auf der Unter- und die Zwei auf der Rückseite liegen. Für die Drei und die Vier bleiben nun noch zwei Möglichkeiten übrig: Die Drei kann auf der linken und die Vier auf der rechten Seite liegen oder umgekehrt. Es gibt also insgesamt zwei verschiedene Anordnungen der sechs Zahlen auf einem Würfel, bei denen die Bedingung erfüllt ist, dass sich die Zahlen von einander gegenüberliegenden Flächen immer zu sieben ergänzen.

Die Augenmuster der Zwei, der Drei und der Sechs können jeweils zwei verschiedene Orientierungen auf den Flächen haben, die sich durch eine Drehung um 90° voneinander unterscheiden.

Da insgesamt vier Würfelgrößen jeweils zwei verschiedene Formen haben können, gibt es also insgesamt $2^4 = 16$ verschiedene Würfel. Die Abbildung zeigt ihre Abwicklungen.

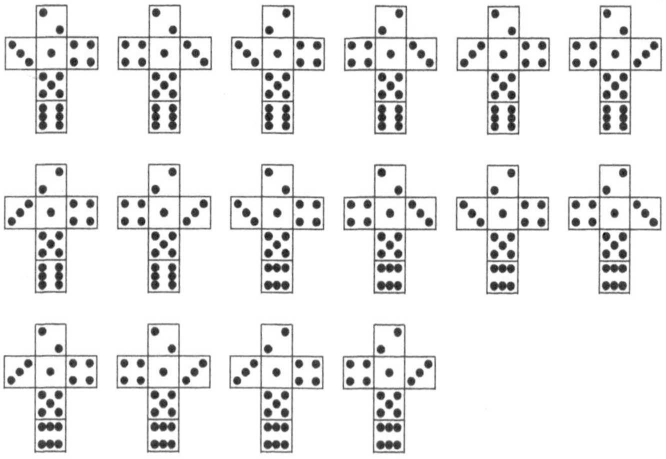

Quelle: Douglas St. Paul Barnard, One Hundred Braintwisters, London 1966, S. 26, 99, 122.

48. Sieben-Segment-Ziffern

Schauen wir zunächst einmal nur, welche Auswahl von sechs beliebigen Ziffern, die nicht verschieden sein müssen, die Bedingung erfüllt, dass jedes der sieben Segmente insgesamt gleich oft auftaucht. Wir berücksichtigen dabei nicht die Reihenfolge der Ziffern und auch nicht, dass sie eine sinnvolle Uhrzeit darstellen sollen.

Bei jeder Ziffer, außer bei der 7, tragen die oberen und unteren Quersegmente jeweils gleich viel zur Segmentzahl bei. Daher kann die 7 nicht auftreten. Ebenso tragen die linken oberen Segmente genauso viel bei wie die rechten unteren, außer bei der 1 und der 3, wo rechts unten ein Überschuss besteht. Darum scheiden auch die 1 und die 3 aus. Außerdem tragen die linken unteren Segmente genauso viel bei wie die unteren Quersegmente, außer bei der 3, der 5 und der 9, bei denen unten ein Überschuss besteht. Somit scheiden auch die 5 und die 9 aus.

Die verbleibenden Ziffern sind 0, 2, 4, 6 und 8. Dabei kommt das Mittelsegment nur bei der 0 nicht vor, das rechte untere Segment nur bei der 2 nicht, das obere Quersegment nur bei der 4 nicht und das rechte obere Segment nur bei der 6 nicht. Das bedeutet, dass die 0, 2, 4 und 6 jeweils gleich oft vorkommen müssen. Hieraus ergeben sich nur die beiden Möglichkeiten (0, 2, 4, 6, 8, 8) und (8, 8, 8, 8, 8, 8).

Aus (8, 8, 8, 8, 8, 8) kann man keine sinnvolle Uhrzeit bilden. Mit (0, 2, 4, 6, 8, 8) jedoch gibt es sogar sechs Möglichkeiten: 06 : 28 : 48 Uhr, 06 : 48 : 28 Uhr, 08 : 26 : 48 Uhr, 08 : 28 : 46 Uhr, 08 : 46 : 28 Uhr und 08 : 48 : 26 Uhr. Die gesuchte späteste Uhrzeit ist also 08 : 48 : 26 Uhr.

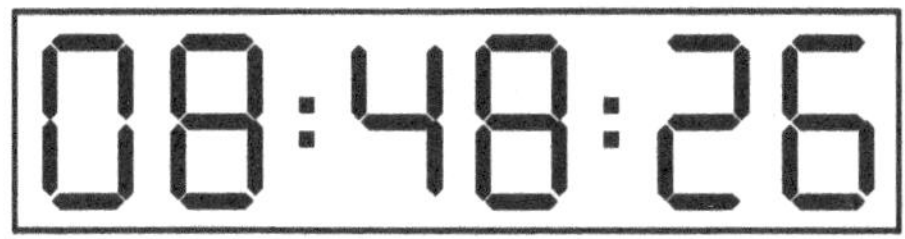

Quelle: Heinrich Hemme, Internet, www.knobelforum.de, 1. Februar 2007. – Lösung: Heinrich Hemme und Helmut Postl, im vorliegenden Buch.

49. Die Kubikzahlentreppe

Es gibt insgesamt zwölf vierstellige Kubikzahlen.

$10^3 = 1000$	$14^3 = 2744$	$18^3 = 5832$
$11^3 = 1331$	$15^3 = 3375$	$19^3 = 6859$
$12^3 = 1728$	$16^3 = 4096$	$20^3 = 8000$
$13^3 = 2197$	$17^3 = 4913$	$21^3 = 9261$

Im Inneren der Treppe ist jede Endziffer einer Zahl gleichzeitig die Anfangsziffer der nächsten Zahl. Die 0 taucht nur bei der 1000 und bei der 8000 und die 7 nur bei der 2197 als Endziffer auf. Deshalb muss eine dieser drei Zahlen auf der untersten Stufe stehen, während die anderen beiden nicht in der Treppe vorkommen können. Da die Treppe aus zehn Zahlen besteht, müssen die übrigen neun Zahlen alle in der Treppe vorhanden sein.

Die 1 und die 4 kommen bei den zwölf Kubikzahlen jeweils einmal häufiger als Anfangs- als als Endziffer vor. Darum muss eine der dazugehörigen Kubikzahlen die erste Stufe bilden, und eine, die mit der anderen dieser beiden Ziffern beginnt, kann dann gar nicht mehr in der Treppe auftauchen. Da die Treppe aber aus zehn Zahlen besteht, kann dies nur eine Zahl mit der Endziffer 0 oder 7 sein. Hierfür kommt nur 1000 in Frage.

Somit beginnt die Treppe mit 4096 oder 4913. Diese beiden Möglichkeiten kann man schnell durchprobieren, und man findet dabei nur eine einzige Lösung.

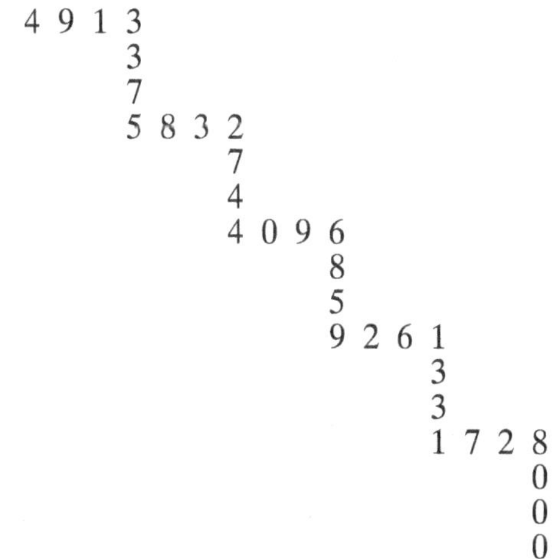

Quelle: M. Pigeolet, Sphinx, Januar 1933, Nr. 11, S. 14. – Aus der Zeitschrift geht nicht hervor, ob der Buchstabe M vor dem Namen der Anfangsbuchstabe des Vornamens ist oder als Abkürzung für Monsieur steht.

50. 4 = 5

Die Quadratwurzel aus einem Ausdruck ist niemals eine negative Zahl. Quadriert man eine Zahl x, erhält man mit x^2 eine Größe, die nicht negativ ist, auch dann nicht, wenn x selbst negativ ist. Zieht man nun aus x^2 die Quadratwurzel, bekommt man nicht x zurück, sondern $|x|$. Die Größen x und $|x|$ sind nur dann gleich, wenn x nicht negativ ist. Ansonsten unterscheiden sie sich im Vorzeichen.

In dem »Beweis« wurden beim Ziehen der Wurzel aus den quadratischen Termen die Betragsstriche weggelassen. Das ist falsch und führt zu dem unsinnigen Ergebnis. Korrekt hätten die letzten Zeilen lauten müssen:

$$\left|4 - \frac{9}{2}\right| = \left|5 - \frac{9}{2}\right|$$

$$\left|- \frac{1}{2}\right| = \left|\frac{1}{2}\right|$$

$$\frac{1}{2} = \frac{1}{2}$$

Und das ist offensichtlich richtig.

Quelle: Walther Lietzmann und Viggo Trier, Wo steckt der Fehler?, Leipzig 1913, S. 8-9.

51. Das Grashalmorakel

Unabhängig davon, wie die oberen Enden verknotet sind, können die sechs Grashalme immer so angeordnet werden, wie es die Abbildung zeigt. Man braucht somit nur noch die Wahrscheinlichkeit dafür zu bestimmen, dass ein beliebiges paarweises Verknoten der unteren Enden einen Ring ergibt.

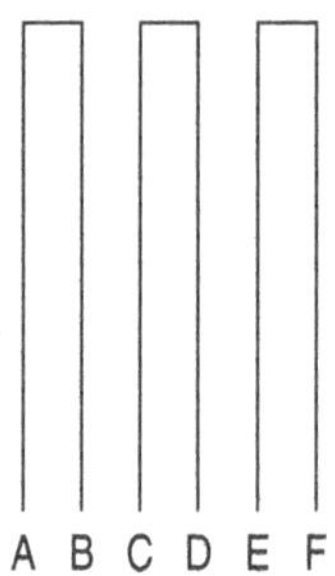

Wird das Ende A mit dem Ende B verbunden, kann kein einzelner großer Ring mehr entstehen. Wird es jedoch mit C, D, E oder F verknotet, bleibt diese Ringbildung möglich. Die Wahrscheinlichkeit dafür, dass bei der ersten Verknotung kein Missgeschick passiert, beträgt also 4/5.

Angenommen, A würde mit C verknotet. (Die Enden D, E und F sind aus Symmetriegründen völlig gleichwertig.) Nun bleiben für B noch die Enden D, E und F übrig. Falls C mit D verbunden würde, könnte kein großer Ring mehr entstehen, wohl aber in den beiden anderen Fällen. Die Wahrscheinlichkeit, dass die Verknotung nicht falsch ist, beträgt somit 2/3.

Für D bleibt jetzt nur noch ein Ende übrig.

Insgesamt beträgt also die Wahrscheinlichkeit, dass beim paarweisen Verknoten der Halme ein Ring entsteht,

$$\frac{4}{5} \cdot \frac{2}{3} = \frac{8}{15} \approx 53\,\% \,.$$

Quelle: Akiva M. Yaglom und Isaak M. Yaglom, Challenging Mathematical Problems with Elementary Solutions, Band 1, San Francisco 1964, S. 25, 155-156 (russische Originalausgabe: Moskau 1954).

52. Die Vierecke des Geobretts

Durch systematisches Probieren findet man sechzehn verschiedene Vierecke. Vier davon sind nicht konvex.

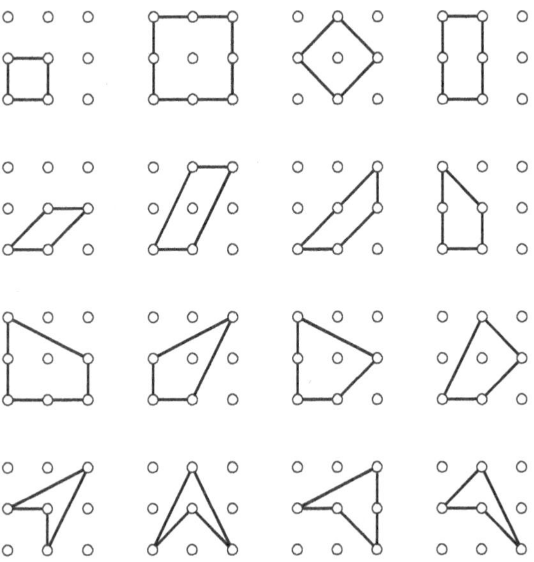

Quelle: Ivan Moscovich, Knotty Number Problems & Other Puzzles, New York 2005, S. 57, 113.

53. Die Vierteilung des Geobretts

Am einfachsten lässt sich das Problem lösen, wenn man zunächst einmal untersucht, wie man mit einem einzigen Gummiring eine Fläche von einem Viertel des Geobretts umschlingen kann. Dazu kann man leicht durch systematisches Probieren acht Möglichkeiten finden.

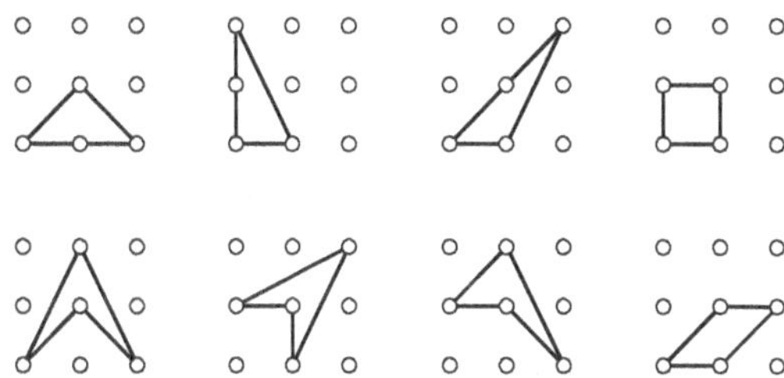

Im zweiten Schritt versuchen wir nun, jeweils vier dieser Viertel zu einem ganzen Geobrett zusammenzusetzen. Dabei brauchen wir die beiden letzten Viertel nicht zu berücksichtigen, denn sie schneiden beide vom Geobrett ein Achtel ab, in das man natürlich kein Viertel mehr setzen kann.

Insgesamt lassen sich zehn verschiedene Muster bilden.

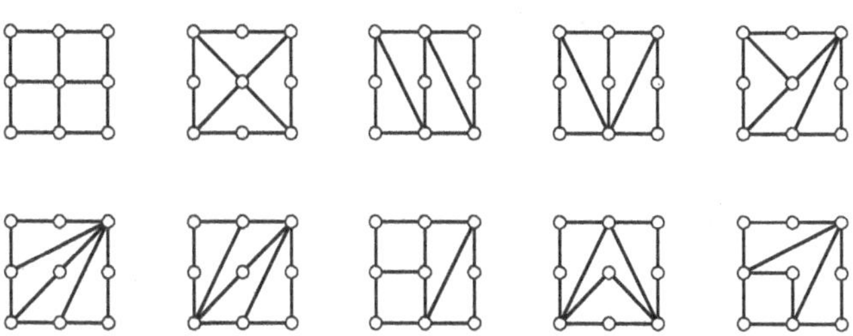

Quelle: Ivan Moscovich, Knotty Number Problems & Other Puzzles, New York 2005, S. 57, 113.

54. Die Wolga

Die Erde ist keine Kugel, sondern kann als Rotationsellipsoid mit einer Äquatorhalbachse a und einer Polhalbachse b betrachtet werden. Für einen Punkt auf der Erdoberfläche gilt die Ellipsengleichung

$$\left(\frac{x}{a}\right)^2 + \left(\frac{y}{b}\right)^2 = 1 \,.$$

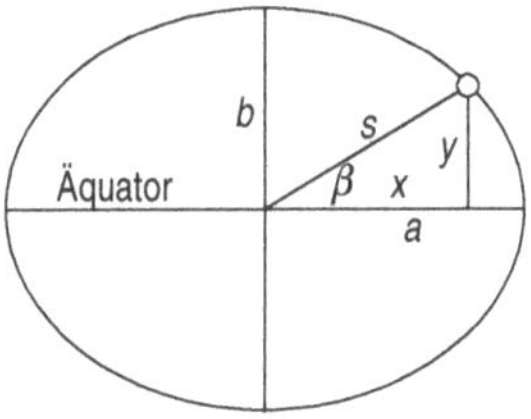

Die Strecken x und y lassen sich mit Hilfe der Winkelfunktionen auch durch den Breitengrad β und den Abstand s des Punktes vom Erdmittelpunkt ausdrücken.

$$\begin{aligned} x &= s\cos\beta \\ y &= s\sin\beta \end{aligned}$$

Fügt man dies in die Ellipsengleichung ein und stellt sie ein wenig um, erhält man

$$s = \frac{1}{\sqrt{(\cos\beta/a)^2 + (\sin\beta/b)^2}} \,.$$

Setzt man in diese Gleichung den Breitengrad der Wolgaquelle ein und addiert noch ihre Höhe von 228 m über Normalnull hinzu, ergibt sich ein Abstand von 6363,236 km vom Erdmittelpunkt. Mit dem Breitengrad der Wolgamündung und der Subtraktion von 28 m, die der Spiegel des Kaspischen Meeres unter Normalnull liegt, erhält man einen Erdmittelpunktsabstand von 6366,766 km. Somit liegt die Quelle der Wolga 3,530 km näher am Erdmittelpunkt als ihre Mündung.

Rechnet man statt mit den in der Aufgabe angegebenen Erddaten mit einem der verschiedenen Referenzellipsoiden oder -geoiden, kann das Ergebnis um einige Meter variieren. Auch bei den Breitengraden muss eigentlich zwischen geografischer und geozentrischer Breite unterschieden werden, was aber in dieser Lösung nicht gemacht wird. Dadurch kann der Abstand ebenfalls um einige Meter variieren.

Quelle: Aufgabe: Heinrich Hemme, Internet, www.knobelforum.de, 31. Januar 2010. – Lösung: Heinrich Hemme, magazin (Wochenendbeilage der Aachener Zeitung und der Aachener Nachrichten), Nr. 83, 10. April 2010, S. 2.

55. Von I bis C

Zunächst muss man ermitteln, wie viele Ziffern jeder Art in den römischen Zahlen von I bis C vorkommen. Die Zahlen I, II, III, IV und V enthalten sieben I. Auch jede weitere Gruppe von je fünf Zahlen enthält sieben I, so dass bei den Zahlen von I bis C insgesamt $20 \cdot 7 = 140$ I vorkommen. Unter den ersten zehn Zahlen enthalten nur die fünf Zahlen von IV bis VIII jeweils ein V. Auch alle weiteren Gruppen von je zehn Zahlen enthalten fünf V. Somit kommen unter den Zahlen von I bis C insgesamt 10 · 5 = 50 V vor. Beim X ist das Zählen etwas komplizierter. Von I bis VIII kommt es gar nicht vor, von IX bis XVIII je einmal, von XIX bis XXVIII je zweimal, von XXIX bis XXXVIII je dreimal, bei XXXIX viermal, von XL bis XLVIII je einmal und bei XLIX zweimal. Bei den Zahlen von L bis C gibt es noch einmal die gleiche Anzahl von X. Insgesamt enthalten die Zahlen von I bis C also 150 X. Jede der fünfzig Zahlen von XL bis LXXXIX enthält ein L, so dass es fünfzig L in dem Bereich von I bis C gibt. Schließlich kommen unter den elf Zahlen von XC bis C auch noch elf C vor.

In keiner einzigen römischen Zahl kann mehr als ein V und mehr als ein L vorkommen. Da es fünfzig V und fünfzig L gibt, muss die kleinste Anzahl gültiger römischer Zahlen, die man aus den 401 Ziffern bilden kann, mindestens fünfzig sein. Es reichen aber auch tatsächlich fünfzig Zahlen aus, wie man an folgendem Beispiel leicht sehen kann: 46-mal LXXXVIII, einmal CCLXXXVII und dreimal CCCLXXXV.

Quelle: Aufgabe: Heinrich Hemme, Internet, www.knobelforum.de, 21. Juni 2010. – Lösung: Heinrich Hemme, magazin (Wochenendbeilage der Aachener Zeitung und der Aachener Nachrichten), Nr. 188, 14. August 2010, S. 2.

56. Noch einmal von I bis C

Wenn die Zahlen nicht verschieden sein müssen, ist 50 ihre kleinstmögliche Anzahl. 50 ist somit eine Untergrenze für die kleinste Anzahl von unterschiedlichen Zahlen. Diese Untergrenze wird aber wohl nicht erreicht werden können.

Bei der besten Lösung, die bisher gefunden wurde, verteilen sich die 401 Zahlenzeichen auf 80 verschiedene Zahlen. Ob dies aber auch tatsächlich die kleinstmögliche Anzahl ist, weiß bisher niemand.

3 III	32 XXXII	56 LVI	81 LXXXI
6 VI	33 XXXIII	57 LVII	82 LXXXII
7 VII	34 XXXIV	58 LVIII	83 LXXXIII
8 VIII	35 XXXV	62 LXII	84 LXXXIV
13 XIII	36 XXXVI	63 LXIII	85 LXXXV
14 XIV	37 XXXVII	64 LXIV	86 LXXXVI
16 XVI	38 XXXVIII	66 LXVI	87 LXXXVII
17 XVII	39 XXXIX	67 LXVII	88 LXXXVIII
18 XVIII	41 XLI	68 LXVIII	89 LXXXIX
21 XXI	42 XLII	69 LXIX	137 CXXXVII
22 XXII	43 XLIII	71 LXXI	138 CXXXVIII
23 XXIII	44 XLIV	72 LXXII	148 CXLVIII
24 XXIV	45 XLV	73 LXXIII	168 CLXVIII
25 XXV	46 XLVI	74 LXXIV	177 CLXXVII
26 XXVI	47 XLVII	75 LXXV	178 CLXXVIII
27 XXVII	48 XLVIII	76 LXXVI	183 CLXXXIII
28 XXVIII	49 XLIX	77 LXXVII	184 CLXXXIV
29 XXIX	52 LII	78 LXXVIII	186 CLXXXVI
30 XXX	53 LIII	79 LXXIX	187 CLXXXVII
31 XXXI	54 LIV	80 LXXX	188 CLXXXVIII

Quelle: Aufgabe: Heinrich Hemme, Internet, www.knobelforum.de, 21. Juni 2010. – Lösung: Helmut Postl, im vorliegenden Buch.

57. Abstandsquadrat

Die einzelnen Felder des Quadrats können nur vierzehn verschiedene Abstände voneinander haben. Diese lassen sich leicht mit dem Satz des Pythagoras berechnen.

$\sqrt{1^2 + 0^2} = \sqrt{1}$	$1 \leftrightarrow 2$	$\sqrt{3^2 + 2^2} = \sqrt{13}$	$8 \leftrightarrow 9$
$\sqrt{1^2 + 1^2} = \sqrt{2}$	$2 \leftrightarrow 3$	$\sqrt{4^2 + 0^2} = \sqrt{16}$	$9 \leftrightarrow 10$
$\sqrt{2^2 + 0^2} = \sqrt{4}$	$3 \leftrightarrow 4$	$\sqrt{4^2 + 1^2} = \sqrt{17}$	$10 \leftrightarrow 11$
$\sqrt{2^2 + 1^2} = \sqrt{5}$	$4 \leftrightarrow 5$	$\sqrt{3^2 + 3^2} = \sqrt{18}$	$11 \leftrightarrow 12$
$\sqrt{2^2 + 2^2} = \sqrt{8}$	$5 \leftrightarrow 6$	$\sqrt{4^2 + 2^2} = \sqrt{20}$	$12 \leftrightarrow 13$
$\sqrt{3^2 + 0^2} = \sqrt{9}$	$6 \leftrightarrow 7$	$\sqrt{4^2 + 3^2} = \sqrt{25}$	$13 \leftrightarrow 14$
$\sqrt{3^2 + 1^2} = \sqrt{10}$	$7 \leftrightarrow 8$	$\sqrt{4^2 + 4^2} = \sqrt{32}$	$14 \leftrightarrow 15$

Da zwischen den Plätzen der fünfzehn Zahlen auch genau vierzehn Abstände benachbarter Zahlen vorkommen, die mit der Größe der Zahlenpaare ansteigen müssen, liegt die Zuordnung der Abstände zu den Zahlenpaaren eindeutig fest.

Am einfachsten ist es, mit der 15 beginnend die Zahlen absteigend in das Quadrat zu füllen. Die 15 und die 14 müssen auf sich diagonal gegenüberliegenden Feldern des Quadrates stehen. Dafür gibt es nur zwei Möglichkeiten. Die 13 muss nun auf einem Nachbarfeld der 15 und die 12 auf einem Nachbarfeld der 14 stehen. Nun bleibt für die 11 nur noch das zweite Nachbarfeld der 15 übrig. Auf diese Weise kann man leicht alle Möglichkeiten ausschließen, die in eine Sackgasse führen, und schnell alle fünfzehn Zahlen unterbringen.

			12	14
	6			7
9	4		3	10
11			5	2
15	13		8	1

Quelle: Ed Pegg jun., Internet, www.mathpuzzle.com/WPC2000.html, 2000.

58. Eine optische Täuschung

Die linke Diagonale halbiert den Innenwinkel des Parallelogramms an der Ecke A, so dass $\alpha = \beta$ ist. Da die beiden Winkel α und γ Wechselwinkel an geschnittenen Parallelen sind, haben sie die gleiche Größe $\gamma = \alpha$. Folglich ist das Dreieck ADC gleichschenklig und damit $c = b$.

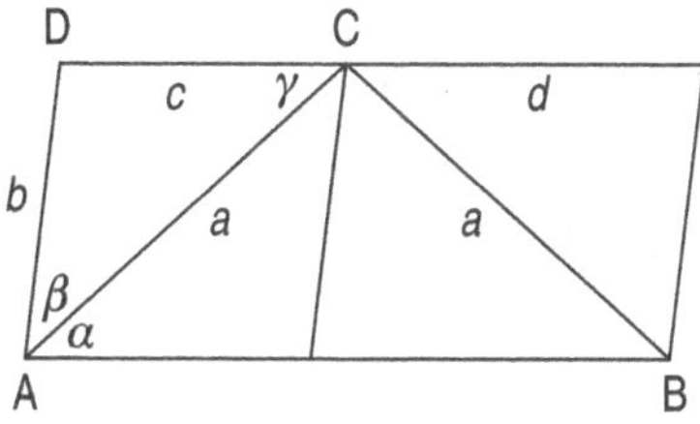

Da beide Diagonalen die Länge a haben, ist auch das Dreieck ACB gleichschenklig. Es hat außerdem die gleichen Basiswinkel α wie das Dreieck ADC. Die beiden Dreiecke sind also ähnlich. Folglich haben sie das gleiche Schenkel-Basis-Verhältnis

$$\frac{b}{a} = \frac{a}{b + d}.$$

Diese Gleichung lässt sich zu

$$b^2 + db - a^2 = 0$$

umformen und hat die beiden Lösungen

$$b_{1,2} = -\frac{d}{2} \pm \frac{1}{2}\sqrt{d^2 + 4a^2}.$$

Mit $a = 6$ cm und $d = 5$ cm erhält man die Werte $b_1 = 4$ cm und $b_2 = -9$ cm. Nur die positive Lösung ist sinnvoll. Das linke Parallelogramm ist also ein Rhombus von 4 cm Seitenlänge, und die Seiten des rechten Parallelogramms sind 4 und 5 cm lang.

Quelle: The Geometry Forum, Internet, 1. Juli 1996.

59. Die Bierreklameschilder

Man kann den Abstand der Reklameschilder bestimmen, ohne zu wissen, wie schnell Mr Smith fährt. Bezeichnet man mit x die Anzahl der Schilder, die Mrs Smith in einer Minute gezählt hat, fährt das Auto in einer Stunde an $60x$ Schildern vorbei. Dabei hat das Auto nach Mr Smith' Behauptung eine Geschwindigkeit von $10x$ Meilen pro Stunde. Folglich stehen auf einer Strecke von $10x$ Meilen genau $60x$ Schilder oder auf jeder Meile $60x\,\alpha/(10x) = 6$ Schilder. Der Abstand zweier Schilder beträgt somit $1/6$ Meile = 880 Fuß ≈ 268 Meter.

Quelle: Aufgabe: Martin Gardner, Scientific American 203, Oktober 1960, S. 174. – Lösung: Martin Gardner, Scientific American 203, November 1960, S. 194.

60. Die Wochentage der Erde

Die Erde ist in Zeitzonen eingeteilt. Reist man von Westen nach Osten um die Erde, muss man etwa alle 15 Längengrade seine Uhr um jeweils eine Stunde vorstellen. Hat man die Erde einmal umrundet und ist wieder an seinen Ausgangspunkt gelangt, hat man seine Uhr während der Reise insgesamt um 24 Stunden vorgestellt. Die Uhrzeit ist dadurch zwar wieder korrekt, aber das Datum geht um einen Tag vor.

Der umgekehrte Effekt tritt auf bei einer Weltreise von Osten nach Westen. Nach einer Erdumrundung hat man vierundzwanzig Mal seine Uhr um eine Stunde zurückgestellt. Dadurch stimmt am Ende der Reise auch wieder die Uhrzeit, aber das Datum hinkt einen Tag hinterher.

Um diese Datumsverschiebung bei Weltreisen zu vermeiden, wurde 1845 die Datumsgrenze eingeführt, eine Linie, die etwa entlang des 180. Längengrades vom Nordpol durch den Pazifik zum Südpol läuft. Überschreitet man die Datumsgrenze von Westen nach Osten, muss man seinen Kalender um einen Tag zurückstellen, und überschreitet man sie von Osten nach Westen, muss man ihn um einen Tag vorstellen. Dadurch wird der stundenweise bei einer Erdumrundung gewonnene bzw. verlorene Tag bei Überqueren der Datumsgrenze auf einen Schlag wieder ausgeglichen.

Nun ist die Datumsgrenze aber keine gerade Linie, sondern sie windet sich so vom Nordpol zum Südpol, dass keine Staatsgebiete von ihr zerschnitten werden. Eine besonders große Abweichung vom 180. Längengrad hat sie im Bereich des Inselstaates Kiribati, wo sie eine zwei Zeitzonen breite Nase nach Osten hat.

Seit 1968 ist im internationalen Verkehr die koordinierte Weltzeit UTC gebräuchlich. Dabei erhält man die in Deutschland gültige Mitteleuropäische Zeit MEZ durch Erhöhung der Weltzeit um eine Stunde, also MEZ = UTC + 1 h. Die östlichste der drei Zeitzonen von Kiribati, in der die Insel Kiritimati liegt, weicht um ganze vierzehn Stunden von der Weltzeit ab. Es gilt dort die Linieninselzeit = UTC + 14 h. Nach Westen weichen die Zeitzonen nur maximal zwölf Stunden von der Weltzeit ab. So gilt zum Beispiel für die zu den Außengebieten der USA gehörende Bakerinsel die Zeit UTC – 12 h.

Auf der Erde gibt es folglich immer Uhrzeiten, die von UTC – 12 h bis UTC + 14 h reichen und somit 26 Stunden abdecken. Bricht also auf Kiritimati um 0.00 Uhr der Mittwoch an, haben wir in Deutschland erst Dienstagvormittag 11.00 Uhr und auf der Bakerinsel sogar erst Montagnacht 22.00 Uhr. Zwei Stunden später ist es dann auf Kiritimati Mittwochmorgen 2.00 Uhr, in Deutschland 13.00 Uhr, und auf der Bakerinsel beginnt mit 0.00 Uhr der Dienstag. Während dieser zwei Stunden zwischen 11.00 und 13.00 MEZ gibt es auf der Erde also immer drei Wochentage gleichzeitig, und während der anderen 22 Stunden immer zwei Wochentage.

Quelle: Aufgabe: Heinrich Hemme, Internet, www.knobelforum.de, 20. Mai 2008. – Lösung: Heinrich Hemme, Das Buch der Ziffern, Zahlen, Maße und Symbole, Köln 2009, S. 64-66.

61. Die längste Silvesterfeier

Diese Aufgabe ist eine Variante des vorherigen Problems.

Hätte der Baron Silvester in seinem Schloss verbracht, hätte er von 0 Uhr bis Mitternacht, also 24 Stunden, feiern können.

Er war jedoch zu Beginn des Silvestertages um 0 Uhr nachts auf der Insel Kiritimati (UTC + 14 h) und flog dann mit dem Flugzeug nach Westen durch die drei Zeitzonen des Inselstaates Kiribati. Genau um Mitternacht erreichte er in der westlichen Zeitzone Kiribatis (UTC + 12 h) die Datumsgrenze. Dadurch konnte er bis dahin schon 26 Stunden lang Silvester feiern. Nach dem Überfliegen der Datumsgrenze gelangte er in die Zeitzone UTC – 12 h, in der es gerade 0 Uhr war und der Silvestertag erst anbrach. Er landete auf der Bakerinsel, und konnte in dieser Zeitzone noch weitere 24 Stunden Silvester feiern. Insgesamt hatte Baron von Lautprahlern also einen Silvestertag von 50 Stunden Länge.

Quelle: Helmut Postl, Postspielmagazin, letztes Heft des Jahres 2006.

62. Der Garten

Die kürzesten Strecken x, die den Baum mit den Zäunen verbinden, stehen senkrecht auf den Seiten des Trapezes und unterteilen es in zwei Quadrate und zwei Drachenvierecke.

Die Drachenvierecke können jeweils in zwei rechtwinklige Dreiecke halbiert werden. In der Skizze wird einer der spitzen Winkel des größeren Dreiecks mit α bezeichnet. Also hat der andere spitze Winkel dieses Dreiecks die Größe $90° - \alpha$. Am Baum treffen vier Dreieckswinkel zusammen und ergänzen sich zu 180°. Zwei dieser Winkel haben den Wert $90° - \alpha$. Folglich müssen die beiden anderen Winkel jeweils die Größe $\frac{1}{2}(180° - 2(90° - \alpha)) = \alpha$ besitzen. Das heißt, die kleinen und die großen Dreiecke sind ähnlich. Darum lassen sich die beiden Quadrate und die vier Dreiecke zu einem Rechteck neu zusammensetzen.

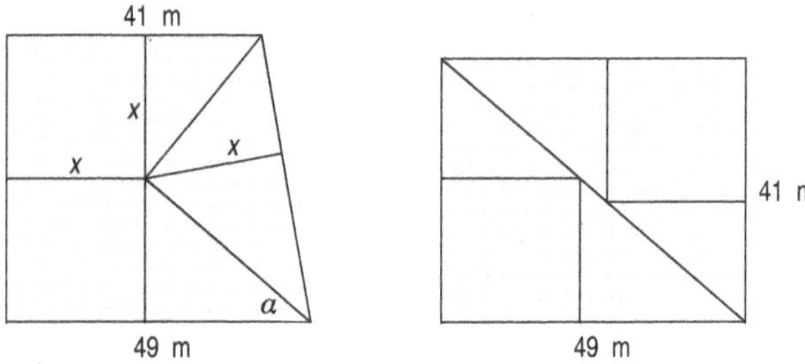

Der Garten hat also einen Flächeninhalt von $41 \cdot 49 = 2009$ Quadratmetern.

Quelle: Aufgabe: Anonymus, Internet, www.pzzls.com/math_puzzles_and_riddles/newest_on_top/9.html, 2008 oder früher. – Lösung: Helmut Postl und Heinrich Hemme, im vorliegenden Buch. – Auf der Internetseite, auf der die Aufgabe zu finden ist, wird auch eine Lösung angegeben. Sie benutzt allerdings nicht das hier gezeigte Zerlegungs- und Zusammensetzungsverfahren, sondern eine Flächenberechnung mit Hilfe geometrischer Formeln.

63. Von Adorf nach Edorf

Da die Strecke von Adorf nach Cedorf doppelt so lang ist wie die von Adorf nach Bedorf und auch die Strecke von Bedorf nach Dedorf doppelt so lang ist wie die von Cedorf nach Edorf, glaubt man leicht, auf Grund des Strahlensatzes daraus schließen zu können, dass die beiden Strecken von Bedorf nach Dedorf und von Cedorf nach Edorf parallel verlaufen müssen. Doch das ist falsch.

Die Länge der Strecke von Adorf nach Dedorf lässt sich mit dem Kosinussatz berechnen.

$$BD^2 = AB^2 + AD^2 - 2 \cdot AB \cdot AD \cdot \cos 45°$$

Der Wert von cos 45° ist ½ $\sqrt{2}$. Dadurch vereinfacht sich die Gleichung zu:

$$\begin{aligned} BD^2 &= AB^2 + AD^2 - AB \cdot AD \cdot \sqrt{2} \\ 0 &= AD^2 - \left(AB \cdot \sqrt{2}\right) AD + \left(AB^2 - BD^2\right) \end{aligned}$$

Diese quadratische Gleichung hat die beiden Lösungen

$$AD = \frac{1}{2} AB \sqrt{2} \pm \sqrt{BD^2 - \frac{1}{2} AB^2}\,.$$

Setzt man für AB und BD die Zahlen aus der Aufgabe ein, erhält man die beiden Lösungen $AD = 30\sqrt{2}$ km und $AD = 40\sqrt{2}$ km.

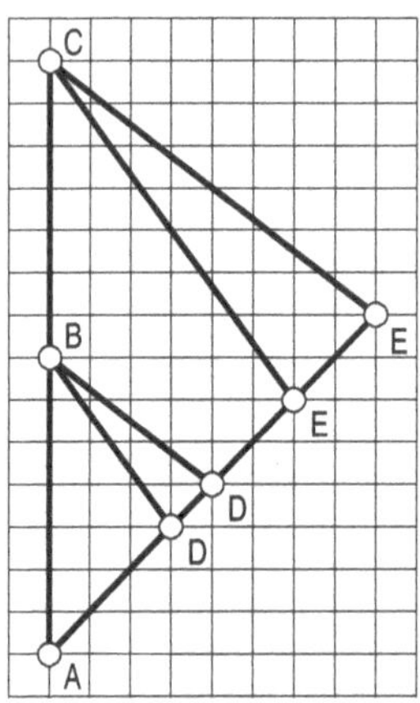

Da die Strecken AC und CE doppelt so lang sind wie die Strecken AB bzw. BD, muss auch AE doppelt so lang sein wie AD. Folglich gilt $AE = 60\sqrt{2}$ km und $AE = 80\sqrt{2}$ km.

Die Angaben aus der Aufgabe sind also nicht eindeutig. Es gibt jeweils zwei Möglichkeiten für die Entfernung von Dedorf und Edorf nach Adorf.

Zeichnet man die Straßen und Orte auf quadratisches Raster mit 10 km Maschenweite, kann man diese vier möglichen Längen mit Hilfe des Satzes von Pythagoras auch direkt ablesen.

Angenommen, Dedorf läge $40\sqrt{2}$ km von Adorf entfernt und Edorf $60\sqrt{2}$ km, dann hätte Ferdinand in Dedorf auf der Fahrt von Adorf nach Edorf bereits zwei Drittel der Strecke zurückgelegt. Folglich kann er frühestens 90 Minuten nach dem Start in Edorf sein.

Quelle: Norbert Treitz, Internet, www.eddy.uni-duisburg.de/treitz/denkmnu/abbestadt/abbest1.htm, 20. November 2000.

64. Minischach

Das Feld C2 wird nicht bedroht. Folglich können auf den Feldern B2 und C1 nur ein Bauer, ein Springer oder ein Läufer stehen und auf dem Feld B2 nur ein Springer oder ein Turm.

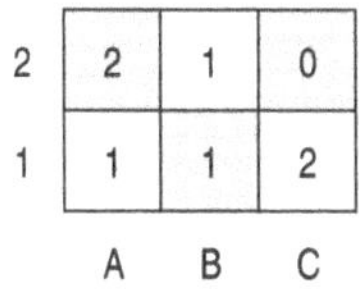

Das Feld A2 kann darum nur durch den König, die Dame oder einen Turm auf A1, durch einen Springer auf C1 oder durch die Dame oder einen Turm auf C2 bedroht werden. Da A2 doppelt bedroht wird, müssen genau zwei dieser Felder durch die entsprechenden Figuren besetzt sein.

Steht eine der A2 bedrohenden Figuren auf C2, muss das Feld B2 frei bleiben, und auf A1 darf weder der König noch die Dame stehen, weil sonst B2 doppelt bedroht wäre. Somit wäre die zweite A2 bedrohende Figur entweder ein Turm auf A1 oder ein Springer auf C1. Probiert man die vier Kombinationen durch, können in keinem Fall mehr die Bedrohungszahlen der anderen Felder erreicht werden. Folglich wird A2 von einem Springer auf C3 und von einem Turm, der Dame oder dem König auf A1 bedroht.

Auch das Feld C1 wird doppelt bedroht. Die erste Bedrohung muss vom Feld A1 ausgehen. Damit scheidet der König als Figur auf diesem Feld aus. Nur die Dame oder ein Turm kommen in Frage. Außerdem muss B2 frei bleiben. Die zweite

Bedrohung stammt von der dritten Figur. Sie kann nur ein Springer auf A2 oder ein Läufer auf B2 sein.

Da die Felder A1 und B2 jeweils einfach bedroht werden, scheiden der Turm auf A1 und der Springer auf A2 aus. Somit steht auf A1 die Dame, auf B2 ein Läufer und auf C1 ein Springer.

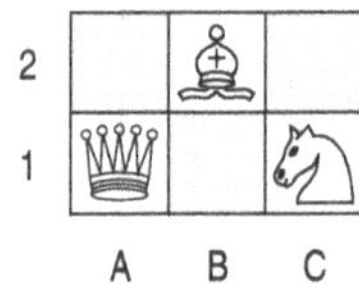

Quelle: Erich Friedman, Internet, www2.stetson.edu/~efriedma/attack/, 2006.

65. Crux Numerorum

Die kleinste dreistellige römische Zahl ist III = 3 und die größte MMM = 3000. Betrachten wir zunächst einmal I waagerecht. Es ist leicht, in diesem Zahlenbereich zu überprüfen, welche Vielfachen von LXXIII = 73 dreistellige römische Zahlen sind. Es gibt nur ein einziges, nämlich $7 \cdot 73 = 511$ = DXI.

Folglich muss das mittlere Zeichen von I senkrecht ein D sein. In einer römischen Zahl kann vor einem D nur ein M oder ein C stehen. Die einzige Quadratzahl, die in römischer Schreibweise dreistellig ist und mit MD oder CD beginnt, ist MDC = 1600.

Damit ist das erste Zeichen von I waagerecht ein M. Die einzige dreistellige römische Zahl, die ein Vielfaches von XXXVII = 37 ist, ist $30 \cdot 37 = 1110$ = MCX. Nun kann man auch II senkrecht leicht bestimmen, denn das einzige in römischer Schreibweise dreistellige Vielfache von VII = 7 ist $20 \cdot 7 = 140$ = CXL.

Jetzt fehlt nur noch III waagerecht. Der einzige Teiler von 1600, der in römischer Schreibweise mit CL beginnt, ist 160 = CLX. Damit ist das Quadrat vollständig gefüllt.

<table>
<tr><td>I
M</td><td>II
C</td><td>III
X</td></tr>
<tr><td>II
D</td><td>X</td><td>I</td></tr>
<tr><td>III
C</td><td>L</td><td>X</td></tr>
</table>

Calpurnia ist also XIX = 19 Jahre alt.

Quelle: Victor Bryant and Ronald Postill, The Sunday Times Book of Brain Teasers, Book 2, Aufgabe 28, London 1981, das Buch ist nicht paginiert.

66. Quadrat der Quadrate und Kuben

Die kleinstmögliche vierstellige römische Zahl ist VIII = 8 und die größtmögliche MMMM = 4000. In dem Bereich von 8 bis 4000 liegen nur drei Quadratzahlen, die in römischer Schreibweise vierstellig sind: $49 = 7^2$ = XLIX, $64 = 8^2$ = LXIV und $121 = 11^2$ = CXXI. Kubikzahlen, die die Bedingung erfüllen, gibt es vier: $8 = 2^3$ = VIII, $64 = 4^3$ = LXIV, $125 = 5^3$ = CXXV und $512 = 8^3$ = DXII. Dabei ist 64 sowohl eine Quadrat- als auch eine Kubikzahl, so dass es insgesamt nur sechs mögliche Kandidaten gibt.

Durch systematisches Probieren findet man nun schnell, dass sich höchstens sechs Quadrat- und Kubikzahlen in dem

Raster unterbringen lassen. Hierfür gibt es vier verschiedene Möglichkeiten.

M	C	D	V
C	X	X	I
D	X	I	I
V	I	I	I

*	C	C	V
C	X	X	I
C	X	X	I
V	I	I	I

Dabei kann das Sternchen im zweiten Raster durch ein C, ein D oder ein M ersetzt werden.

Quelle: Aufgabe: Heinrich Hemme, Internet, www.knobelforum.de, 1. November 2008. – Lösung: Heinrich Hemme, im vorliegenden Buch.

67. Echte Dominobrüche

Die Summe aller fünfzehn echten Dominobrüche beträgt

$$\frac{1}{2}+\frac{1}{3}+\frac{2}{3}+\frac{1}{4}+\frac{2}{4}+\frac{3}{4}+\frac{1}{5}+\frac{2}{5}+\frac{3}{5}+\frac{4}{5}+\frac{1}{6}+\frac{2}{6}+\frac{3}{6}+\frac{4}{6}+\frac{5}{6}=\frac{15}{2}.$$

Folglich muss die Summe der fünf Brüche jeder Gruppe 5/2 ergeben.

Zwölf dieser Brüche lassen sich zu Paaren kombinieren, die alle den Wert 1 haben, die restlichen drei haben jeweils den Wert 1/2.

$$\frac{1}{3} + \frac{2}{3} = 1 \qquad \frac{1}{4} + \frac{3}{4} = 1 \qquad \frac{1}{2}$$

$$\frac{1}{5} + \frac{4}{5} = 1 \qquad \frac{2}{5} + \frac{3}{5} = 1 \qquad \frac{2}{4} = \frac{1}{2}$$

$$\frac{1}{6} + \frac{5}{6} = 1 \qquad \frac{2}{6} + \frac{4}{6} = 1 \qquad \frac{3}{6} = \frac{1}{2}$$

Aus diesen Paaren und Einzelbrüchen lassen sich leicht Fünfergruppen bilden, die jeweils die Summe 5/2 haben. Die Abbildung zeigt ein Beispiel.

$$\frac{1}{3} + \frac{2}{3} + \frac{1}{4} + \frac{3}{4} + \frac{1}{2} = \frac{5}{2}$$

$$\frac{1}{5} + \frac{4}{5} + \frac{2}{5} + \frac{3}{5} + \frac{2}{4} = \frac{5}{2}$$

$$\frac{1}{6} + \frac{5}{6} + \frac{2}{6} + \frac{4}{6} + \frac{3}{6} = \frac{5}{2}$$

Durch eine systematische Untersuchung lassen sich 186 verschiedene Möglichkeiten finden, wie man die fünfzehn cchten Dominobrüche in drei Fünfergruppen aufteilen muss, damit die Summe in jeder Gruppe 5/2 beträgt.

Quelle: Henry Ernest Dudeney, The Strand Magazine 68, 1924, S. 422. – Bestimmung der Anzahl der Lösungsmöglichkeiten: Heinrich Hemme, im vorliegenden Buch.

68. Der Kreis in der Ebene und auf der Kugel

Der Flächeninhalt des Kreises auf dem ebenen Blatt Papier beträgt

$$A_1 = \pi r^2 .$$

Der Punkt auf der Kugel, wo die Zirkelspitze eingestochen wird, ist nicht der Mittelpunkt des Kreises, der von ihm aus gezeichnet wird. Dieser Einstichpunkt liegt ein wenig oberhalb des Kreismittelpunktes.

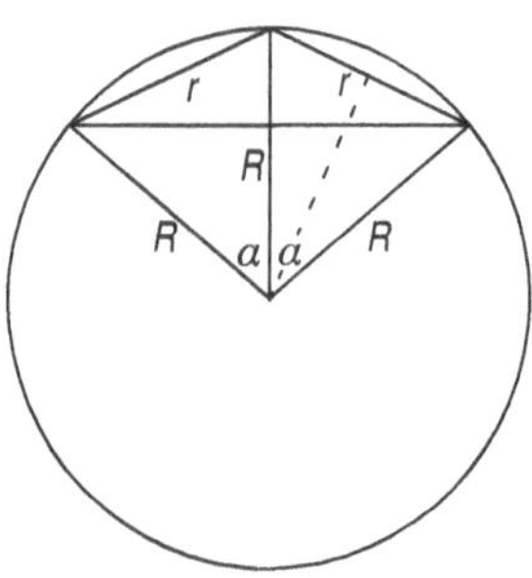

Die Fläche einer Kugelkalotte beträgt

$$A_2 = 2\pi(1 - \cos\alpha)R^2 ,$$

wobei α der halbe Öffnungswinkel der Kalotte ist.

In der Zeichnung sieht man, dass α ein Innenwinkel eines gleichschenkligen Dreiecks ist mit den Schenkellängen R und der Grundseitenlänge r. Die Grundseitenhöhe teilt das gleichschenklige Dreieck in zwei rechtwinklige Dreiecke, wobei auch α halbiert wird. Somit gilt

$$\sin\left(\frac{\alpha}{2}\right) = \frac{r}{2R}.$$

Der Sinus von $\alpha/2$ lässt sich in den Kosinus von α umwandeln.

$$\cos\alpha = 1 - 2\sin^2\left(\frac{\alpha}{2}\right)$$

Setzt man in diese Gleichung den Ausdruck für $\sin(\alpha/2)$ ein, erhält man

$$\cos\alpha = 1 - \frac{r^2}{2R^2}.$$

Daraus ergibt sich für die Fläche der Kugelkalotte:

$$A_2 = 2\pi\left(1 - \left(1 - \frac{r^2}{2R^2}\right)\right)R^2$$

$$A_2 = \pi r^2$$

Die Fläche des Kreises und die der Kugelkalotte sind also gleich groß.

Quelle: Dick Hess, Puzzles from Around the World, Rancho Palos Verdes 1997, Aufgabe 87, das Buch ist nicht paginiert.

Lösungen der schweren Aufgaben

69. Münzwenden

Max kann die Münze, die er wenden möchte, frei unter den sechzehn Geldstücken wählen. Moritz hingegen ist durch Max' Wahl völlig festgelegt und hat keinerlei Wahlmöglichkeiten. Darum braucht Moritz eigentlich gar nicht mitzuspielen, denn Max kann Moritz' Münzen gleich mit wenden, ohne dass sich an dem Spiel etwas ändert. Wir wollen deshalb Max' Münzwendung und die anschließenden Münzwendungen von Moritz als einen Zug bezeichnen und die von Max gewendete Münze Maxmünze nennen.

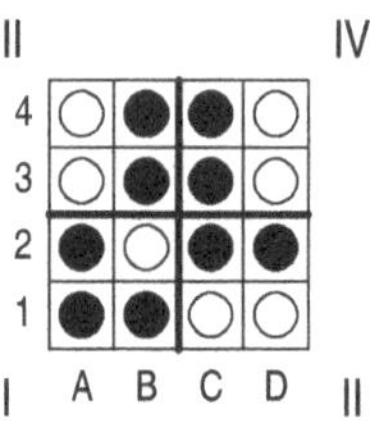

Um mit einem Zug die Münze eines Eckfeldes zu wenden, muss die Maxmünze in dem Spielbrettviertel liegen, zu dem diese Ecke gehört. Da die Eckmünzen des II., III. und IV. Viertels mit ihrer weißen Seite nach oben zeigen, hat bei den drei Zügen die Maxmünze jeweils in einem dieser Viertel gelegen. Da nur drei Züge gemacht worden sind, hat die Maxmünze also kein einziges Mal im I. Viertel gelegen.

Die Münzen, die mit der schwarzen Seite nach oben zeigen, sind entweder gar nicht oder zweimal gewendet worden und die, die mit der weißen Seite nach oben zeigen, einmal oder dreimal.

Die Münze B1 im I. Viertel kann nur durch einen Zug gewendet werden, bei dem die Maxmünze in der Spalte C des II. Viertels liegt. Da ihre schwarze Seite nach oben zeigt, ist sie entweder keinmal oder zweimal gewendet worden. Zwei Wendungen sind jedoch nicht möglich, da sonst die Maxmünze zweimal im II. Viertel gelegen haben muss, was aber ausgeschlossen ist. Also sind C1 und C2 in dem Spiel keinmal Maxmünze gewesen.

Mit den gleichen Überlegungen kann man ausschließen, dass A2 gewendet worden ist und dass A3 und B3 Maxmünzen gewesen sind. Die Münze B2 zeigt mit der weißen Seite nach oben. Dies kann nun nur noch durch einen Zug verursacht worden sein, bei dem C3 die Maxmünze gewesen ist.

Die Münze D3 zeigt ihre weiße Seite. Sie kann nur einmal gewendet worden sein, und zwar durch den Zug mit C3 als Maxmünze. Somit kann die Maxmünze im II. Viertel nicht D2, sondern nur D1 gewesen sein.

C4 ist schwarz. Da sie einmal bei dem Zug mit C3 als Maxmünze gewendet worden ist, muss sie noch ein zweites Mal gewendet worden sein. Dies kann nur durch einen Zug mit B4 als Maxmünze geschehen sein. Max hat also die Münzen B4, C3 und D1 umgedreht. Die Reihenfolge spielt dabei keine Rolle. Die Abbildung zeigt eine Möglichkeit.

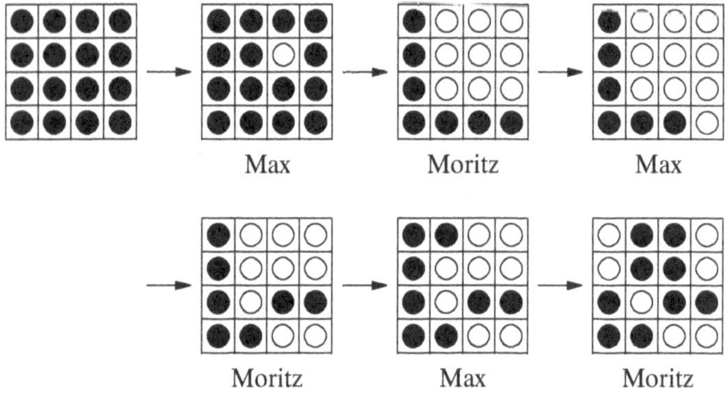

Quelle: jac (Pseudonym), Internet, www.knobelforum.de, 15. April 2004. – Eine Lösung wird nicht angegeben.

70. Drohende Läufer

Ein Läufer, der auf einem weißen Feld steht, kann niemals auf ein schwarzes Feld gelangen, und ein Läufer auf einem schwarzen Feld niemals auf ein weißes. Deshalb besteht ein Schachbrett für die Läufer aus zwei völlig voneinander getrennten, aber gleichen Teilbrettern, nämlich aus dem der schwarzen und aus dem der weißen Felder. Um das Problem etwas überschaubarer zu machen, drehen wir das Schachbrett um 45 Grad im Uhrzeigersinn, lassen die schwarzen Felder fort und zeichnen nur die weißen als gerade stehende Quadrate. Dadurch erhält das Brett folgendes Aussehen:

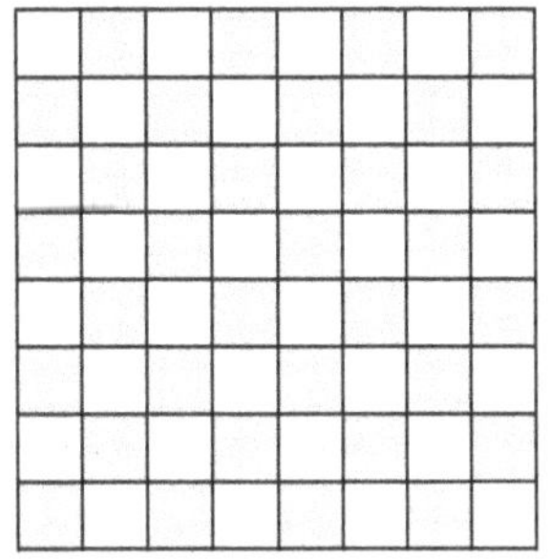 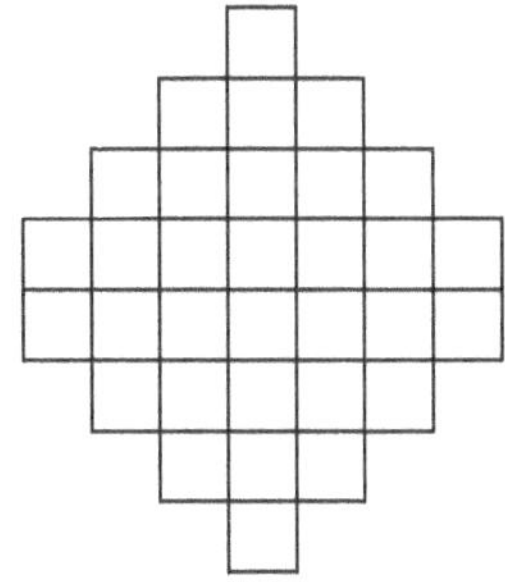

Die Läufer können sich auf diesem verdrehten Teilbrett nur horizontal oder vertikal bewegen. Damit die Läufer alle freien Felder der vier mittleren Zeilen bedrohen können, muss in jeder dieser Zeilen eine Figur stehen. Wenn nicht in jeder der vier Zeilen eine Figur stünde, müssten die fünf oder sogar sieben Felder der freien Reihe in Spaltenrichtung bedroht werden. Damit würde aber für jedes dieser Felder ein eigener Läufer benötigt, und deshalb müssten dann mindestens fünf Läufer auf dem Brett stehen. Es sind folglich dazu mindestens vier Läufer in den mittleren Zeilen notwendig. Es müssen jedoch nicht nur die vier mittleren Zeilen, sondern auch die drei mittleren Spalten bedroht werden. Die vier Läufer müssen also so aufgestellt werden, dass in jeder dieser Spalten mindestens eine Figur steht. Es gibt viele mögliche Aufstellungen hierfür. Die einfachste ist folgende:

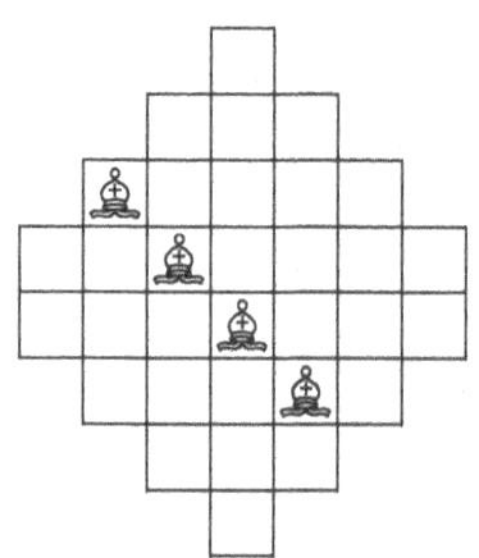

Die Lösung für das schwarze Teilbrett sieht genauso aus. Folglich kann man mit acht Läufern alle Felder des Schachbretts entweder bedrohen oder besetzen.

Wandelt man die beiden verdrehten Teilbretter wieder zu dem ursprünglichen Brett zurück, hat die einfachste Lösung folgendes Aussehen:

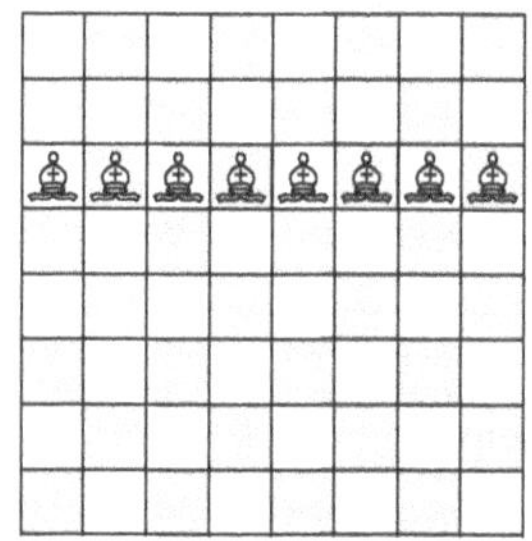

Man kann diese Überlegungen auch leicht verallgemeinern: Um jedes Feld eines $n \times n$-feldigen Schachbretts entweder zu bedrohen oder zu besetzen, sind n Figuren notwendig, die man beispielsweise bei ungeradzahligem n in der Mittelzeile oder bei geradzahligem n in der $n/2$-ten Zeile aufstellt.

Quelle: Aufgabe: Henry Ernest Dudeney, The Weekly Dispatch, 16. Januar 1898. – Lösung: Henry Ernest Dudeney, The Weekly Dispatch, 30. Januar 1898.

71. Drohende und bedrohte Läufer

Das Problem lässt sich verallgemeinern: Wie viele Läufer muss man mindestens auf ein $n \times n$-feldiges Schachbrett stellen, damit jedes der n^2 Felder bedroht ist? Wir werden hier das Problem sofort in seiner allgemeinen Form lösen.

Für $n = 1$ ist das Problem unlösbar, und für $n = 2$ muss auf jedem der vier Felder des Bretts ein Läufer stehen. Alle nun folgenden Überlegungen gelten nur für Werte von n, die größer als 2 sind.

Ein Läufer, der auf einem weißen Feld steht, kann niemals auf ein schwarzes Feld gelangen, und ein Läufer auf einem schwarzen Feld niemals auf ein weißes. Deshalb besteht ein Schachbrett für die Läufer aus zwei völlig voneinander getrennten Teilbrettern, nämlich aus dem der schwarzen und aus dem der weißen Felder.

Um das Problem etwas überschaubarer zu machen, drehen wir das Schachbrett um 45 Grad gegen den Uhrzeigersinn, lassen die Felder der einen Farbe fort und zeichnen nun die anderen als gerade stehende Quadrate. Dadurch erhalten die Teilbretter folgendes Aussehen:

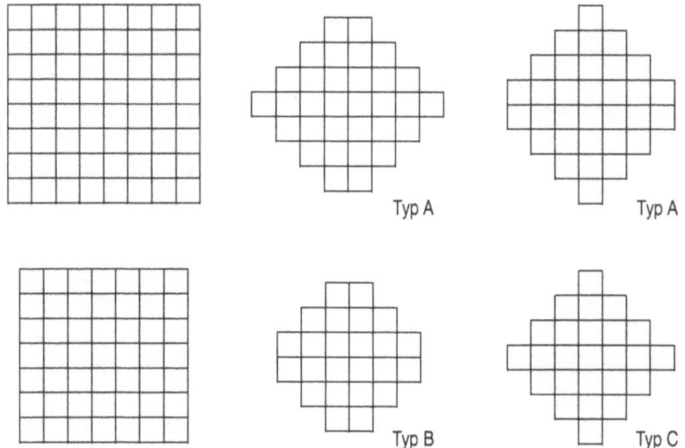

Je nachdem, ob n eine gerade oder ungerade Zahl ist, sind die Teilbretter entweder beide vom Typ A oder das weiße ist vom Typ B und das schwarze vom Typ C.

Ein Teilbrett vom Typ A gehört zu einem $n \times n$-Schachbrett mit geradzahligem n und hat $n - 1$ Zeilen und n Spalten. Davon sollen genau z Zeilen mit Läufern besetzt sein. Die längste der übrigen $n - z - 1$ Zeilen hat s Felder, wobei leicht zu sehen ist, dass $s \geq n - z - 1$ sein muss.

Jedes dieser s Felder gehört zu genau einer Spalte. Nun muss in jeder dieser s Spalten mindestens ein Läufer stehen, sonst werden nicht alle s Felder der genannten Zeile bedroht. Die Gesamtzahl der Reihen, also der Zeilen und Spalten, in denen ein Läufer stehen muss, beträgt also mindestens $z + s$. Und hierfür gilt

$$z + s \geq z + (n - z - 1) = n - 1 .$$

Es müssen folglich auf jeden Fall mindestens $n - 1$ Reihen mit Läufern besetzt sein.

Jeder Läufer bedroht genau zwei Reihen, nämlich eine Zeile und eine Spalte, auch wenn diese nur aus einem Feld bestehen. Nun müssen sich die Läufer aber noch gegenseitig bedrohen. Für jedes sich bedrohende Läuferpaar geht eine Besetzung einer neuen Reihe verloren, denn zwei sich gegenseitig bedrohende Läufer können nur drei statt vier Reihen besetzen.

Wir bezeichnen die Anzahl der Läufer auf dem Teilbrett mit l. Da es wenigstens $\lceil l/2 \rceil$ Paare einander bedrohender Läufer gibt, müssen insgesamt mindestens $n - 1 + \lceil l/2 \rceil$ Reihen abgedeckt werden. (Die Klammern $\lceil$ und $\rceil$ runden den umklammerten Ausdruck auf eine ganze Zahl auf.) Weil die l Läufer genau $2l$ Reihen abdecken, gilt

$$n - 1 + \lceil l/2 \rceil \leq 2l\,.$$

Aufgelöst nach l ergibt dies

$$l \geq \lceil 2(n - 1)/3 \rceil\,.$$

Mit dieser Mindestanzahl kommt man auch tatsächlich immer aus. Dazu stellt man die Figuren schlangenlinienförmig auf das Teilbrett, so wie es das Beispiel für $n = 14$ mit neun Läufern zeigt.

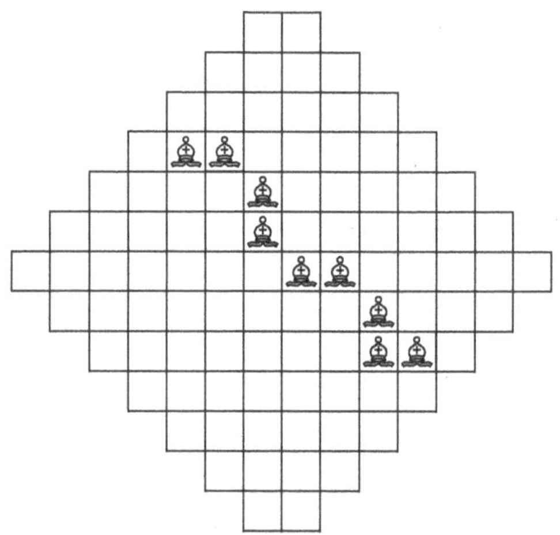

Beim Teilbretttyp B sind die Überlegungen die gleichen wie bei Typ A. Hier ist nun n ungerade und das Teilbrett hat n Zeilen und n Spalten. Es ergeben sich die gleichen Konstruktionen wie vorher. Auch hier ist deshalb die minimale Läuferzahl $\lceil 2(n-1)/3 \rceil$.

Auch beim Teilbretttyp C gelten die gleichen Überlegungen wie bei Typ A. Nun ist n ungerade und das Teilbrett hat $n-1$ Zeilen und Spalten. Wiederum beträgt die minimale Läuferzahl $\lceil 2(n-1)/3 \rceil$.

Da jedes Teilbrett A, B oder C für ein bestimmtes n dieselbe Minimalanzahl an Läufern erfordert, ergibt sich für ein komplettes $n \times n$-Schachbrett, das mindestens neun Felder hat, stets dieselbe Formel, unabhängig davon, ob n gerade oder ungerade ist.

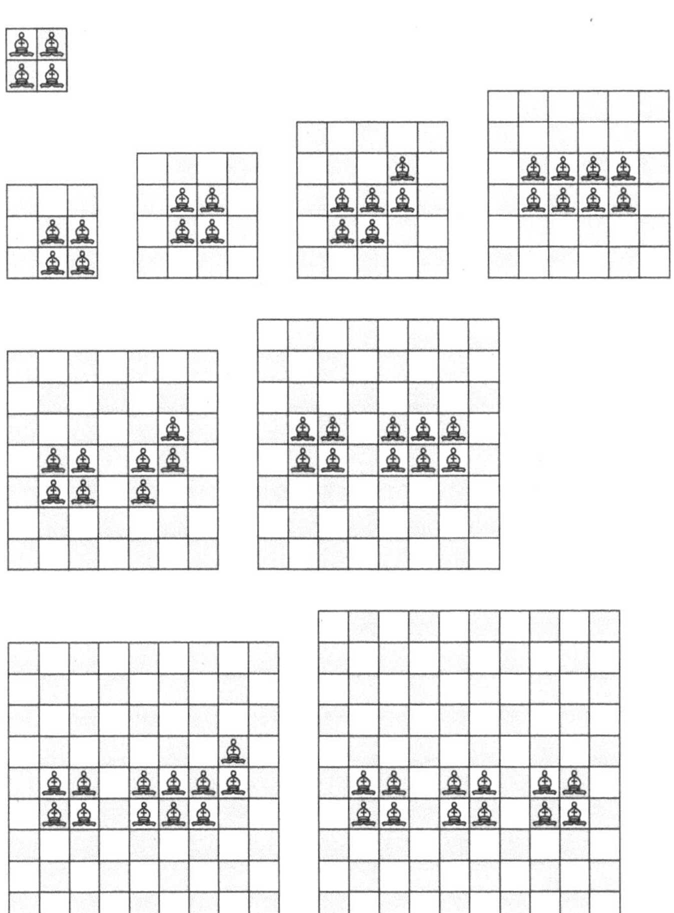

Aus den Beispielkonstruktionen für das Teilbrett vom Typ A lassen sich recht einfach passende Läuferstellungen bilden. Bei einem Schachbrett mit ungeradem *n* wählt man die beiden mittleren Zeilen und bei einem Brett mit geradem *n* die mittlere und eine Nachbarzeile. Dann beginnt man mit einer

Folge von 2×2-Blöcken und schließt das Ende gegebenenfalls mit einem 3×2- oder 4×2-Block ab. Bei ungeradem n wird im letzten Block ein Läufer anders gesetzt. Aus den Beispielen ist das Konstruktionsprinzip leicht ersichtlich.

Quelle: Aufgabe und Lösung für $n = 8$: Henry Ernest Dudeney, Amusement in Mathematics, London 1917, S. 88, 214-215. – Aufgabe für beliebige Werte von n: Heinrich Hemme, im vorliegenden Buch. – Lösung für beliebige Werte von n: Helmut Postl, im vorliegenden Buch.

72. Der sagenhafte Schwimmer

Fließt das Wasser des Styx mit der Geschwindigkeit v und schwimmt Charon relativ zum Wasser mit der Geschwindigkeit u, hat er beim Stromabwärtsschwimmen relativ zum Ufer die Geschwindigkeit $u + v$. Relativ zum Wasser kann Charon mit einer Geschwindigkeit von $2u$ rudern. Somit rudert er stromaufwärts relativ zum Ufer mit der Geschwindigkeit $2u - v$ und stromabwärts mit $2u + v$.

Zuerst rudert Charon $t_1 = 1$ h lang stromaufwärts und legt dabei einen Weg von $s = (2u - v)t_1$ zurück. Dann springt er ins Wasser und schwimmt denselben Weg wieder zurück. Dafür benötigt er die Zeit

$$t_2 = \frac{s}{u + v} = \frac{2u - v}{u + v}\, t_1 .$$

Der Nachen, der mit der Geschwindigkeit v stromabwärts treibt, braucht für diese Strecke die Zeit

$$t_3 = \frac{2u - v}{v}\, t_1$$

und ist $\Delta t = 2\,\mathrm{h}$ länger unterwegs als Charon. Das bedeutet:

$$\Delta t = \frac{(2u - v)t_1}{v} - \frac{(2u - v)t_1}{u + v}$$
$$\frac{\Delta t}{t_1} = \frac{2u - v}{v} - \frac{2u - v}{u + v}$$

Setzt man für das Verhältnis $\Delta t/t_1$ den Wert 2 ein, lässt sich die Gleichung zu

$$2u^2 - 3uv - 2v^2 = 0$$

vereinfachen. Diese quadratische Gleichung hat die beiden Lösungen $u = 2v$ und $u = -v/2$. Nur die positive Lösung ist hier sinnvoll. Setzt man sie in die Gleichung für t_2 ein, erhält man $t_2 = t_1 = 1\,\mathrm{h}$.

Da Charon mit der Geschwindigkeit $2u + v$ stromabwärts rudern kann, betrüge seine Fahrtzeit

$$t_4 = \frac{s}{2u + v} = \frac{(2u - v)t_1}{2u + v} = \frac{3}{5}t_1 = 36\,\mathrm{min}\,.$$

Wäre Charon also zum Hadestor zurückgerudert statt -geschwommen, hätte er 24 Minuten gespart.

Quelle: Stewart Coffin in: Barry Cipra, Erik D. Demaine, Martin L. Demaine und Tom Rodgers, Tribute to a Mathemagician, Wellesley 2005, S. 33–36. – Coffin schreibt, dass er das Rätsel bereits 1970 in der Zeitschrift *Old Farmer's Almanac* veröffentlicht hatte, allerdings hatte er eine wesentliche Information nicht angegeben, so dass es dadurch unlösbar war.

73. Eine Zahlenfolge

Die ganzen Zahlen, beginnend mit der 1, kann man auch mit römischen Zahlenzeichen darstellen.

I, II, III, IV, V, VI, VII, VIII, IX, X, XI, XII, XIII, XIV, XV, XVI, XVII, XVIII, XIX, XX, XXI, XXII, XXIII, …

Die einzelnen römischen Zahlenzeichen haben die Werte I = 1, V = 5, X = 10, L = 50, C = 100, D = 500 und M = 1000.

Eine römische Zahl besteht immer aus mehreren Gruppen aufeinanderfolgender gleicher Zeichen. Dies sind beispielsweise bei der Zahl XXVIII die drei Gruppen XX, V und III. Drückt man jetzt den Wert der einzelnen Gruppen durch arabische Zahlen aus und hängt diese dann ohne Lücke direkt aneinander, erhält man eine weitere arabische Zahl, die dann Element der Zahlenfolge aus der Aufgabe ist. So haben zum Beispiel die drei Gruppen von XXVIII die Werte 20, 5 und 3 und ergeben folglich die Zahl 2053.

I	= 1	= 1	XI	= 10, 1	= 101
II	= 2	= 2	XII	= 10, 2	= 102
III	= 3	= 3	XIII	= 10, 3	= 103
IV	= 1, 5	= 15	XIV	= 10, 1, 5	= 1015
V	= 5	= 5	XV	= 10, 5	= 105
VI	= 5, 1	= 51	XVI	= 10, 5, 1	= 1051
VII	= 5, 2	= 52	XVII	= 10, 5, 2	= 1052
VIII	= 5, 3	= 53	XVIII	= 10, 5, 3	= 1053
IX	= 1, 10	= 110	XIX	= 10, 1, 10	= 10110
X	= 10	= 10	XX	= 20	= 20

Die ersten vier Fragezeichen stehen also für die Zahlen 10, 101, 102 und 103 und die zweiten vier für 1051, 1052, 1053 und 10110.

Quelle: Roger Kircher, Internet, http://rogeriq.piranho.com/rogerIQ.htm, 2003.

74. Ochsenwiesen

Auf der Wiese stehen, bevor die Ochsen darauf getrieben werden, pro Morgen a Kilogramm Gras, und pro Woche wachsen auf jedem Morgen der Wiese b Kilogramm Gras nach. Ein Ochse frisst pro Woche c Kilogramm Gras.

Die erste Wiese aus der Aufgabe ist 10/3 Morgen groß und enthält somit zu Anfang $(10/3) \cdot a$ Kilogramm Gras. In vier Wochen wachsen auf diesen 10/3 Morgen $4 \cdot (10/3) \cdot b$ Kilogramm Gras nach. Während dieser vier Wochen fressen die zwölf Ochsen $4 \cdot 12 \cdot c$ Kilogramm Gras. Anschließend ist die Wiese vollständig abgegrast. Dies lässt sich durch die Gleichung

$$\frac{10}{3} \cdot a + 4 \cdot \frac{10}{3} \cdot b - 4 \cdot 12 \cdot c = 0$$

ausdrücken.

Für die zweite Wiese aus der Aufgabe gilt

$$10 \cdot a + 9 \cdot 10 \cdot b - 9 \cdot 21 \cdot c = 0 \,.$$

Aus diesen Gleichungen erhält man für die Wachstumsrate b und für die Fressrate c:

$$b = \frac{1}{12} a$$

$$c = \frac{5}{54} a$$

Die Frage nach der Anzahl n der Ochsen auf der dritten Wiese kann man durch die Gleichung

$$24 \cdot a + 18 \cdot 24 \cdot b - 18 \cdot n \cdot c = 0$$

beschreiben. Ersetzt man in ihr b und c durch die zuvor gefundenen Ausdrücke und löst sie dann nach n auf, erhält man

$$n = 36\,.$$

Der Faktor a fällt dabei heraus; er lässt sich grundsätzlich nicht bestimmen.

Die Wiese kann also 36 Ochsen ernähren.

Quelle: Isaac Newton, Arithmetica Universalis, London 1707.

75. Die Kondensatorleiter

Man kann die Kondensatorleiter in Gedanken in vier Bestandteile zerlegen: in die zwei obersten Holmkondensatoren C_1, den obersten Sprossenkondensator C_2 und den Rest der Leiter, der in der Skizze grau unterlegt ist. Da die Kondensatorleiter eine unendliche Länge hat, ist auch ihr Rest unendlich lang und darum identisch mit der Gesamtleiter. Bezeichnet man die Gesamtkapazität der Leiter zwischen den Punkten A und B mit C, beträgt auch die Gesamtkapazität der Restleiter C.

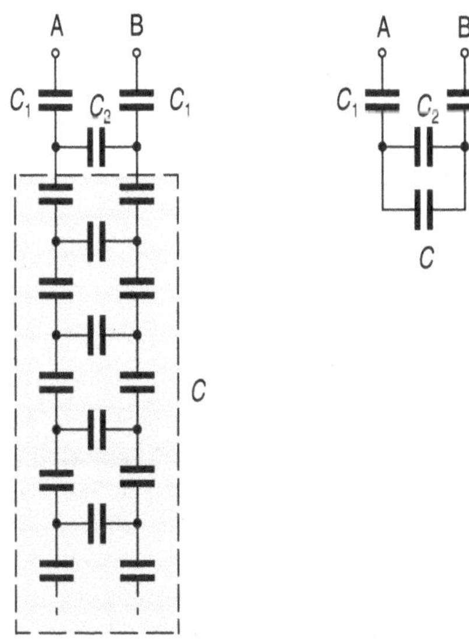

Die Gesamtkapazität der Leiter berechnet sich folglich aus einer Parallelschaltung eines Sprossenkondensators C_2 und des Restleiterkondensators C, die mit zwei Holmkondensatoren C_1 in Reihe geschaltet ist.

Somit gilt

$$\frac{1}{C} = \frac{1}{C_1} + \frac{1}{C + C_2} + \frac{1}{C_1}.$$

Nach C aufgelöst wird daraus

$$C = \frac{1}{2}\left(\pm \sqrt{C_2^2 + 2C_1C_2} - C_2\right).$$

Das Minuszeichen vor der Wurzel ergibt eine negative Gesamtkapazität, was aber physikalisch unsinnig ist. Darum bleibt als einzige Lösung

$$C = \frac{1}{2}\left(\sqrt{C_2^2 + 2C_1C_2} - C_2\right).$$

Mit $C_1 = 3\,\mu F$ und $C_2 = 2\,\mu F$ erhält man eine Gesamtkapazität von $C = 1\,\mu F$.

Quelle: Heinrich Hemme, Düsentrieb contra Einstein, Reinbek 2008, S. 180-181.

76. Diamantenherstellung

Es reicht aus, die Figur in zwei Teile zu zerschneiden, um daraus einen Diamanten zu machen.

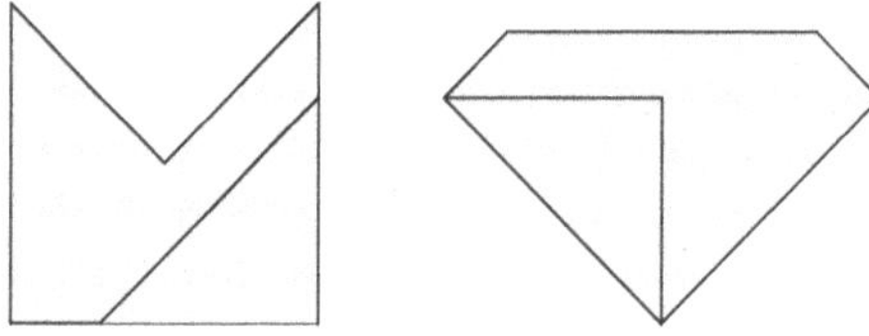

Quelle: Aufgabe: Nobuyuki Yoshigahara in: Elwyn Berlekamp und Tom Rodgers, The Mathemagician and Pied Puzzler, Natick 1999, S. 40. – Lösung: Nobuyuki Yoshigahara, Puzzles 101, Natick 2004, S. 4 (Japanische Originalausgabe: Chocho Nanmon Suri Pazuru, Tokio 2002).

77. Aggressive Damen

Für $n = 0, 1, 2, 3$ und 4 lassen sich leicht Stellungen finden. Die Abbildungen zeigen je ein Beispiel auf einem Ausschnitt von 2×2 oder 4×4 Feldern eines Schachbretts.

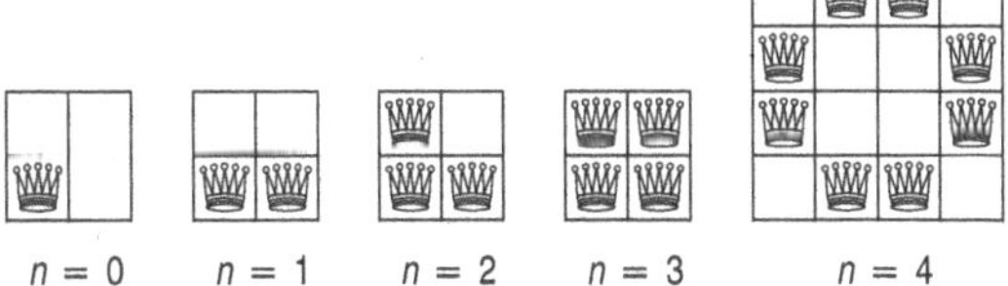

Angenommen, es gäbe eine Lösung mit $n > 4$, dann müsste es, wenn man von links nach rechts geht, irgendwo eine erste Spalte geben, in der mindestens eine Dame steht. Stehen in dieser Spalte mehr als eine Dame, betrachtet man die oberste dieser Damen. Sie kann höchstens vier andere Damen bedrohen, nämlich eine, die rechts von ihr steht, eine, die unterhalb steht, eine, die diagonal rechts oberhalb steht und eine, die diagonal rechts unterhalb steht. Oberhalb, links, diagonal links oberhalb und diagonal links unterhalb stehen ja keine Damen mehr. Folglich ist die Annahme, dass es eine Lösung für $n > 4$ gibt, falsch.

Quelle: Heinrich Hemme, Internetforum de.rec.denksport, 29. September 2006.

78. Noch mehr aggressive Damen

Eine Dame kann höchstens in der Reihe, der Spalte und den beiden Diagonalen, in denen sie steht, jeweils in beide Richtungen je eine andere Dame bedrohen. Insgesamt können also maximal acht Damen von ihr bedroht werden.

Es gibt auch tatsächlich für alle Werte von $n = 0$ bis $n = 8$ Lösungen des Problems. Für n = 0, 1, 2, 3 und 4 können die Stellungen genauso aussehen wie bei der vorherigen Aufgabe. Für die Werte von 5 bis 8 müssen jeweils unendlich viele Damen auf das unendlich große Brett gestellt werden.

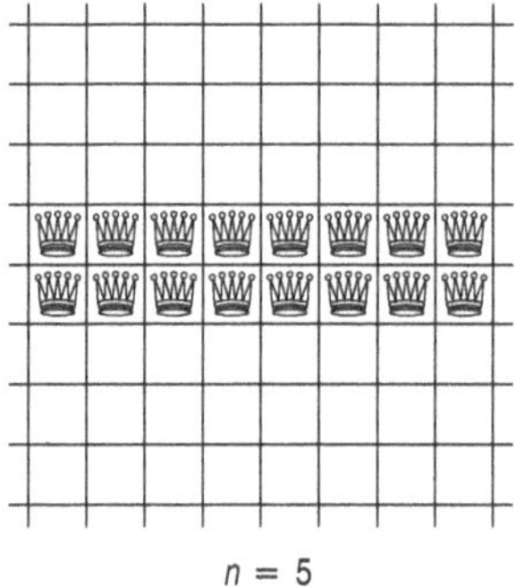

$n = 5$

Laufen zwei direkt nebeneinanderliegende, unendlich lange Damenreihen über das Brett, bedroht jede Dame genau fünf andere Damen.

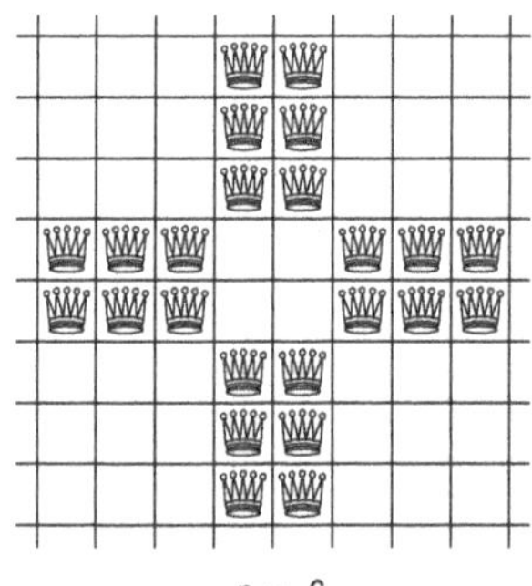

$n = 6$

Kreuzen sich eine unendlich lange Damendoppelreihe und eine unendlich lange Damendoppelspalte, wobei die vier Figuren im Kreuzungsbereich fehlen, bedroht jede Dame gerade sechs andere Damen.

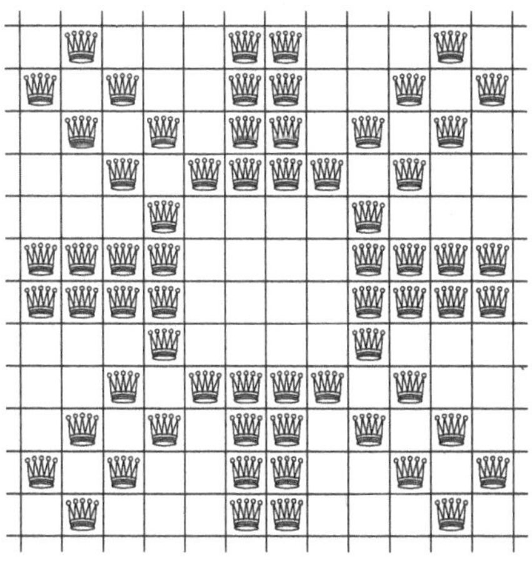

$n = 7$

Jede Dame wird von sieben anderen Damen bedroht, wenn die Figuren so aufgestellt werden, dass sie eine Doppelreihe, eine Doppelspalte und zwei Doppeldiagonalen bilden, die jeweils unendlich lang sind, sich kreuzen und die sechzehn Felder im Kreuzungsbereich frei lassen.

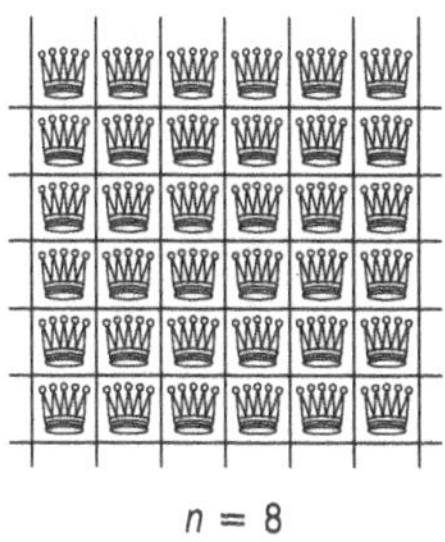

$n = 8$

Steht auf jedem Feld des unendlich großen Schachbretts eine Dame, bedroht jede Dame genau acht andere Damen.

Quelle: Aufgabe: Heinrich Hemme, Internetforum de.rec.denksport, 29. September 2006. – Lösung für $n = 5$ und 8: Oliver Gronau, Internetforum de.rec. denksport, 29. September 2006. – Lösung für $n = 6$ und 7: Klaus Kalis, Internetforum de.rec.denksport, 29. und 30. September 2006.

79. Die Dreiecke im Quadrat

Dreht man das Dreieck BCE gegen den Uhrzeigersinn um 90° um die Ecke B, fällt C mit A zusammen und E wird zu E' Folglich hat das Dreieck E'BE bei B einen rechten Winkel.

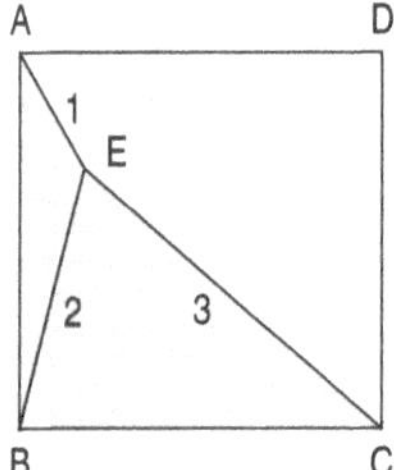

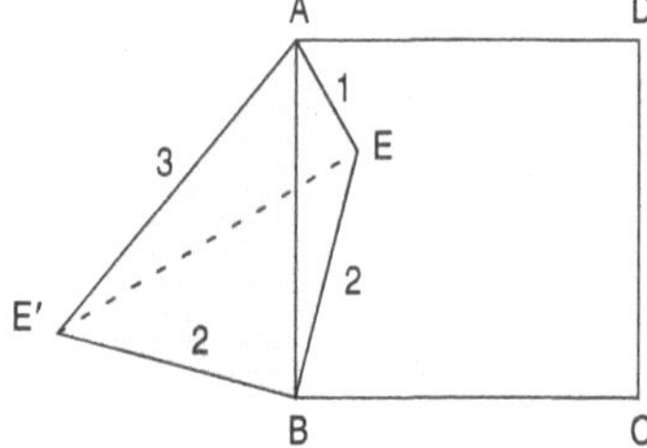

Der Flächeninhalt eines rechtwinkligen Dreiecks ist das halbe Produkt seiner beiden Kathetenlängen. Darum hat das Dreieck E'BE die Fläche 2. Mit dem Satz des Pythagoras lässt sich sein Hypotenusenquadrat zu $(E'E)^2 = 8$ und damit seine Hypotenuse zu $E'E = 2\sqrt{2}$ berechnen.

Da $8 + 1^2 = 3^2$ ist, muss nach dem Satz des Pythagoras auch das Dreieck E'EA rechtwinklig sein, wobei der rechte Winkel bei E liegt. Somit hat das Dreieck E'EA einen Flächeninhalt von $\sqrt{2}$.

Die graue Fläche in dem Quadrat hat folglich einen Inhalt von $2 + \sqrt{2} \approx 3{,}414$.

Quelle: Wei-Hwa Huang in: Dick Hess, All-Star Mathlete Puzzles, New York 2009, S. 12, 54.

80. Die Breite des Geldes

Legt man zwei Münzen mit den Radien r_1 und r_2 nebeneinander, lässt sich mit dem Satz des Pythagoras der horizontale Abstand a ihrer Mittelpunkte zu

$$a = \sqrt{(r_1 + r_2)^2 - (r_1 - r_2)^2} = 2\sqrt{r_1 r_2}$$

berechnen. Sind die beiden Münzen gleich groß, ist a die Summe der beiden Radien. Haben sie jedoch unterschiedliche Größen, kann man die kleinere Münze ein wenig unter die größere schieben, und a wird kleiner als die Summe der Radien. Dieser Effekt ist umso stärker, je größer der Unterschied der Münzdurchmesser ist.

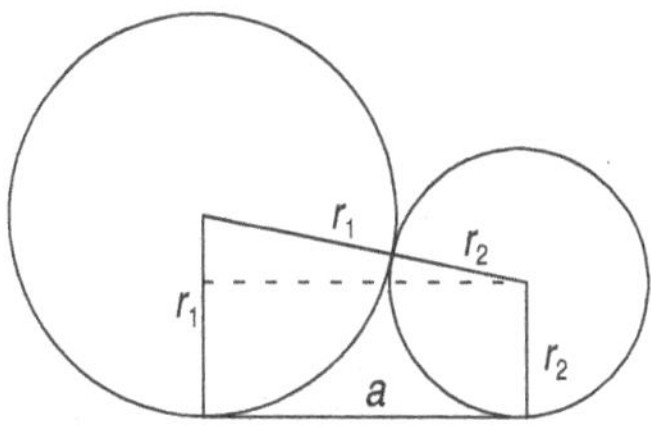

Mit diesem Prinzip lässt sich jetzt leicht die längstmögliche Kette aufbauen: Man ordnet die Münzen einfach der Größe nach.

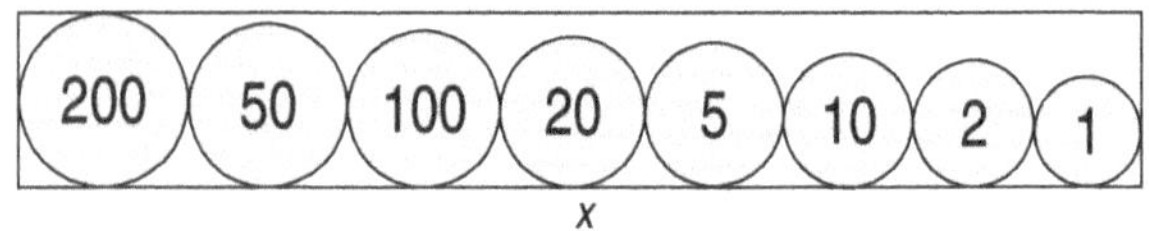

Die Münzen können natürlich auch in genau umgekehrter Reihenfolge in der Kette liegen.

Mit der obigen Formel kann man nun leicht die Kettenlänge x berechnen.

$$x = r_1 + 2\left(\sqrt{r_1 r_2} + \sqrt{r_2 r_3} + \sqrt{r_3 r_4} + \sqrt{r_4 r_5} + \sqrt{r_5 r_6} + \sqrt{r_6 r_7} + \sqrt{r_7 r_8}\right) + r_8$$

$$x \approx 171{,}407 \text{ mm}$$

Quelle: Aufgabe: Heinrich Hemme, Internet, www.knobelforum.de, 28. April 2009. – Lösung: Heinrich Hemme, im vorliegenden Buch.

81. Noch einmal die Breite des Geldes

Wie in der vorigen Aufgabe hergeleitet worden ist, beträgt der horizontale Abstand der Mittelpunkte zweier benachbarter Münzen mit den Radien r_1 und r_2

$$a = 2\sqrt{r_1 r_2}\,.$$

Haben die Münzen unterschiedliche Größen, kann man die kleinere Münze ein wenig unter die größere schieben und a wird kleiner als die Summe der Radien. Dieser Effekt ist umso stärker, je größer der Unterschied der Münzdurchmesser ist.

Damit kann man nun leicht die kürzestmögliche Kette aufbauen. Man startet mit der größten Münze und legt daneben die kleinste Münze. Nun wird immer abwechselnd die nächstkleinste Münze an das Kettenende mit der größeren Münze und die nächstgrößte Münze an das Ende mit der kleineren Münze gelegt. Die acht Schritte des Kettenaufbaus sind somit:

200
200 – 1
2 – 200 – 1
2 – 200 – 1 – 50
100 – 2 – 200 – 1 – 50
100 – 2 – 200 – 1 – 50 – 10
5 – 100 – 2 – 200 – 1 – 50 – 10
5 – 100 – 2 – 200 – 1 – 50 – 10 – 20

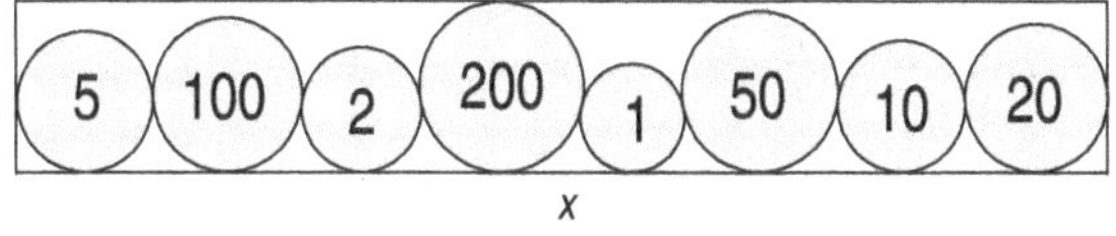

Die Münzen können natürlich auch in genau umgekehrter Reihenfolge in der Kette liegen. Mit der Formel aus der vorigen Aufgabe kann man jetzt die Kettenlänge x bestimmen.

$$x = r_1 + 2\left(\sqrt{r_1 r_2} + \sqrt{r_2 r_3} + \sqrt{r_3 r_4} + \sqrt{r_4 r_5} + \sqrt{r_5 r_6} + \sqrt{r_6 r_7} + \sqrt{r_7 r_8}\right) + r_8$$

$$x \approx 169{,}9838 \text{ mm}$$

Quelle: Aufgabe: Heinrich Hemme, Internet, www.knobelforum.de, 20. April 2009. – Lösung: Heinrich Hemme, Bild der Wissenschaft 46, November 2009, S. 17.

82. Cantorstaub

Da zur Herstellung des Cantorstaubs unendlich viele Schritte gemacht worden sind, kann man ruhig noch einen weiteren Schritt gehen, ohne dass sich etwas ändert.

Um diesen zusätzlichen Schritt als ersten machen zu können, wird das gesamte Muster auf ein Drittel seiner ursprünglichen Breite gestaucht und dann zweimal unter einen Balken der Länge 1 gesetzt. Das Ergebnis ist vom ursprünglichen Muster nicht zu unterscheiden. Um den mittleren Abstand zweier Striche des »neuen« Cantorstaubs zu bestimmen, muss man unterscheiden, ob sie beide in der gleichen Hälfte des Musters oder in verschiedenen Hälften liegen.

Beide Möglichkeiten sind gleich wahrscheinlich.

Betrachten wir zunächst den Fall, dass beide Striche in der gleichen Musterhälfte liegen. Durch die Stauchung des ursprünglichen Musters schrumpfen alle Abstände auf ein Drittel. Wenn der mittlere Abstand zweier Striche des ursprünglichen Musters x betragen hat, ist er in dem gestauchten Muster auf $x/3$ geschrumpft.

Alle Striche des ursprünglichen Musters liegen symmetrisch zum Wert 1/2. Durch die Schrumpfung und Verdopplung des Musters liegen darum alle Striche der linken Hälfte symmetrisch zum Wert 1/6 und alle Striche der rechten Hälfte zum Wert 5/6. Befinden sich also zwei Striche in verschiedenen Hälften des Musters, beträgt ihr mittlerer Abstand $5/6 - 1/6 = 2/3$.

Da es gleich wahrscheinlich ist, dass zwei beliebige Striche des Cantorstaubs in der gleichen Musterhälfte oder in verschiedenen Musterhälften liegen, beträgt der mittlere Abstand zwischen zwei Strichen

$$\frac{1}{2} \cdot \frac{x}{3} + \frac{1}{2} \cdot \frac{2}{3}.$$

Das ursprüngliche Muster, bei dem zwei beliebige Striche den Abstand x haben, ist aber identisch mit dem neuen. Darum gilt:

$$x = \frac{1}{2} \cdot \frac{x}{3} + \frac{1}{2} \cdot \frac{2}{3}$$
$$x = \frac{2}{5}$$

Der mittlere Abstand zwischen zwei Strichen des Cantorstaubs beträgt also 2/5.

Quelle: PrimeJuggler (Pseudonym), Internet, www.knobelforum.de, 30. November 2004. – Eine Lösung wird nicht angegeben.

83. Die letzte Chance

Der Astrologe, der als Erster den Kerker verlässt, stellt sich mitten auf den Platz. Der nächste Astrologe stellt sich mit großem Abstand vor den ersten, wenn dieser einen schwarzen Hut trägt, und mit großem Abstand dahinter, wenn er einen weißen trägt. Für die anderen Astrologen gibt es nun jeweils drei Möglichkeiten. Tragen die bereits auf dem Hof stehenden Astrologen alle einen schwarzen Hut, stellen sie sich davor, tragen sie alle einen weißen, stellen sie sich dahinter und tragen einige einen weißen und einige einen schwarzen Hut, stellen sie sich genau zwischen die beiden Gruppen. Auf diese Weise können sie die Aufgabe des Königs erfüllen und werden freigelassen.

Quelle: Rompi (Pseudonym von Volker Wagner), Internet, www.knobelforum.de, 10. Januar 2004. – Eine Lösung wird nicht angegeben.

84. Die Streichholzgleichung

Ein rechter Winkel hat im Bogenmaß den Wert π/2 und im Gradmaß den Wert 90°.

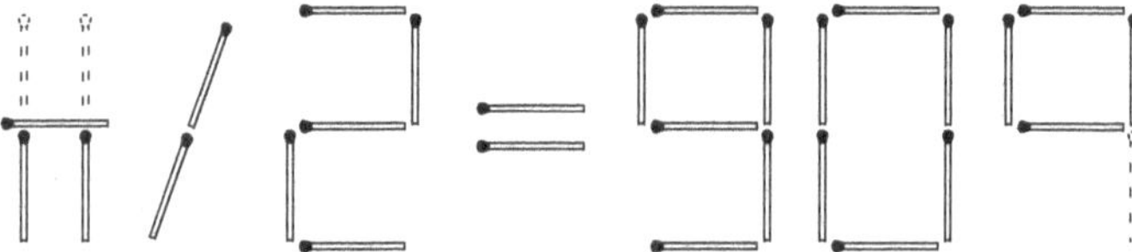

Bei einer alternativen Lösung geht man zunächst um den Tisch herum, auf dem die fehlerhafte Gleichung ausgelegt worden ist, und betrachtet sie von der anderen Seite. Dann legt man drei Streichhölzer so um, dass die Gleichung LB 8 = 3/1 entsteht. Dabei steht LB für den binären Logarithmus, also für den Logarithmus zur Basis 2. (Meistens wird dieser Logarithmus nicht mit Groß-, sondern mit Kleinbuchstaben als lb abgekürzt.)

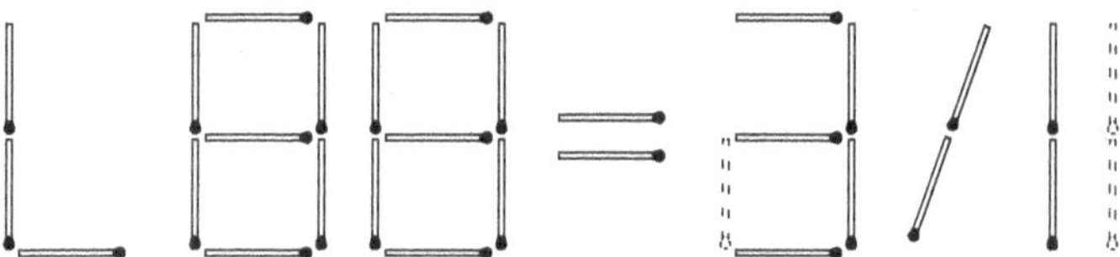

Da der Zweierlogarithmus von 8 den Wert 3 hat, ist diese Gleichung offensichtlich korrekt. Allerdings braucht man etwas Fantasie, um das zweite und dritte Symbol, die ja genau gleich aussehen, einmal als B und einmal als 8 zu erkennen.

Quelle: Aufgabe: Heinrich Hemme, Internet, www.knobelforum.de, 19. Dezember 2009. – Lösung: Heinrich Hemme, magazin (Wochenendbeilage der Aachener Zeitung und der Aachener Nachrichten), Nr. 206, 4. September 2010, S. 2. – Alternativlösung: Wilfried Matthes, im vorliegenden Buch.

85. Die bayrische Uhr

Wenn man bei einer Uhr die Zeit einstellen will, verdreht man auf ihrer Rückseite mit einem Knopf die Zeiger. Dadurch laufen die Uhrzeiten schneller ab, aber dennoch ist jede Zeigerstellung eine gültige. Wenn die Uhr vorgeht, kann man sie auch zurückdrehen. Hier sind natürlich ebenfalls alle durchlaufenen Zeigerstellungen gültig.

Beginnt man um Mitternacht eine gewöhnliche Uhr so langsam zurückzudrehen, dass man für das Zurückstellen einer Stunde genau eine Stunde braucht, zeigen diese Uhr und eine bayrische Uhr stets dieselbe Zeit an. Und da die Zeigerstellungen der gewöhnlichen Uhr immer gültig sind, sind es auch die der bayrischen Uhr. Somit zeigt eine bayrische Uhr, die man als solche nicht erkennt, immer eine Uhrzeit, die auch auf einer gewöhnlichen zu sehen sein könnte.

Quelle: Aufgabe: Rompi (Pseudonym von Volker Wagner), Internet, www.knobelforum.de, 7. November 2005. – Lösung: Helmut Postl, im vorliegenden Buch.

86. Die oberbayrische Uhr

Schaut man sich eine oberbayrische Uhr im Spiegel an, kann man sie nicht von einer gewöhnlichen Uhr unterscheiden. Umgekehrt wird eine gewöhnliche Uhr zur oberbayrischen, wenn man sie über einen Spiegel betrachtet. Wenn eine Uhr und ihr Spiegelbild genau gleich aussehen sollen, müssen die beiden Zeiger, die ja gleich lang sind, spiegelsymmetrisch zur 12-Uhr-Stellung stehen.

Um Mitternacht stehen beide Zeiger auf der 12 und schließen somit beide mit der 12-Uhr-Linie jeweils einen Winkel von 0° ein. Zwölf Stunden später am Mittag nehmen die beiden Zeiger auch wieder diese Stellung ein. Während dieser zwölf Stunden dreht sich der Minutenzeiger zwölfmal im Kreis und erreicht bei jeder Runde eine Stellung, die spiegelsymmetrisch zur Stellung des Stundenzeigers liegt. Von 0.00 Uhr bis 12.00 Uhr gibt es also insgesamt vierzehn Symmetriezeitpunkte, die die zwölf Stunden in dreizehn gleich lange Intervalle unterteilen. Folglich liegen diese Zeitpunkte jeweils $^{12}/_{13}$ h = $55^{5}/_{13}$ m auseinander. Damit erhält man die dreizehn Uhrzeiten 0 h $55^{5}/_{13}$ m, 1 h $50^{10}/_{13}$ m, 2 h $46^{2}/_{13}$ m, 3 h $41^{7}/_{13}$ m, 4 h $36^{12}/_{13}$ m, 5 h $32^{4}/_{13}$ m, 6 h $27^{9}/_{13}$ m, 7 h $23^{1}/_{13}$ m, 8 h $18^{6}/_{13}$ m, 9 h $13^{11}/_{13}$ m, 10 h $9^{3}/_{13}$ m, 11 h $4^{8}/_{13}$ m und 12 h 0 m.

Es gibt jedoch noch eine weitere Lösung, die nicht in dieses Muster passt: Um genau 6.00 Uhr steht der Minutenzeiger auf der 12 und der Stundenzeiger auf der 6. Somit liegen auch zu diesem Zeitpunkt beide Zeiger symmetrisch zur 12-Uhr-Linie.

Insgesamt gibt es also vierzehn Uhrzeiten, bei denen man

die oberbayrische Uhr nicht von der gewöhnlichen unterscheiden kann.

Quelle: Ken Duisenberg, Internet, http://ken.duisenberg.com/potw/, 24. Oktober 2005.

87. Eine Dreiecksteilung

Die einzelnen Dreiecksteile haben die Form eines Berges mit zwei ungleich hohen Gipfeln. Anhand des unterlegten Dreiecksrasters kann man leicht überprüfen, dass die drei Figuren ähnlich sind und die Fläche der größeren genau viermal so groß ist wie die einer der kleineren.

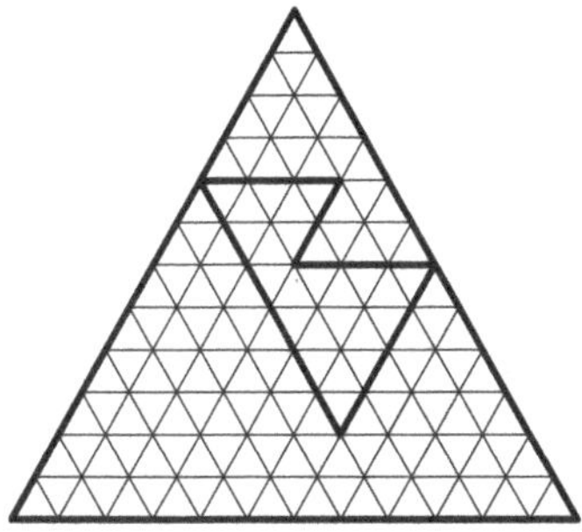

Quelle: Karl Scherer, A Puzzling Journey to the Reptiles and Related Animals, Auckland 1987, Kapitel 5.4, das Buch ist nicht paginiert.

88. Würfelaufkleber

Eines der elf möglichen Würfelnetze hat ein treppenförmiges Aussehen. Faltet man es zu einem Würfel zusammen, stößt die Kante A an die Kante B. Deshalb kann man auch von dem linken oberen Quadrat eine Hälfte diagonal abschneiden und an das untere rechte Quadrat wieder anhängen und behält trotzdem eine Figur, die sich zu einem Würfel falten lässt.

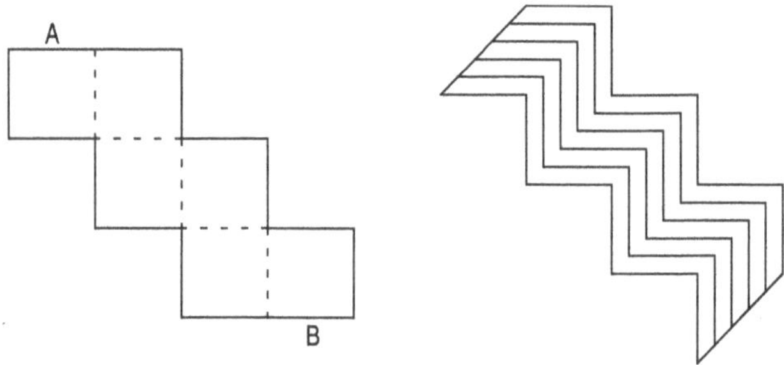

Diese Figur kann man nun in eine beliebige Anzahl treppenförmiger deckungsgleicher Streifen zerschneiden. Mit diesen Streifen lässt sich ein Würfel entsprechender Größe vollständig und überlappungsfrei bekleben.

Quelle: Aufgabe: Martin Gardner, Cubism For Fun 25, Teil 1, Dezember 1990, S. 13. – Lösung: Anneke Treep, Cubism For Fun 27, Dezember 1991, S. 16-17. – Gardner gibt in *Cubism For Fun* Lösungen für drei, fünf und für alle geraden Anzahlen von Teilen an. Die Bedeckung mit fünf Teilen ist davon der einzige nicht völlig simple Fall. Eine Lösung hierfür wurde einige Jahre zuvor von Elser und Goldberg gefunden. – Aufgabe für fünf und sieben Teile: Veit Elser, Mathematics Magazine 49, Januar 1976, S. 44. Bei der fünfteiligen Lösung verlangt Elser, dass sie die Form eines kreuzförmigen Hexominos haben muss. – Lösung für fünf Teile: Michael Goldberg und Veit Elser, Mathematics Magazine 50, Mai 1977, S. 168-169.

89. Wechselgeld

Mit nur vier 200-Euro-Scheinen kann der Mann weder einen noch mehrere 500-Euro-Scheine wechseln. Erst mit fünf 200-Euro-Scheinen wäre dies möglich. Einen 100-Euro-Schein kann er nun nicht mehr haben, denn dann könnte er mit zusätzlich zweien seiner 200-Euro-Scheine zumindest einen 500-Euro-Schein wechseln. Aus dem gleichen Grund kann er auch höchstens einen 50-Euro-Schein und vier 20-Euro-Scheine besitzen. Einen 10-Euro-Schein kann er wiederum nicht in seiner Börse haben, da dieser zusammen mit dem 50-Euro-Schein und zwei 20-Euro-Scheinen hundert Euro ergäbe. Nun kann man sich auch leicht überlegen, dass der Mann höchstens einen 5-Euro-Schein, vier Zwei-Euro-Münzen, ein 50-Cent-Stück, vier 20-Cent-Stücke, ein 5-Cent-Stück und vier 2-Centstücke und keine 1-Euro-, 10-Cent- und 1-Cent-Stücke besitzen kann. Insgesamt hat er also höchstens 944,43 Euro in seiner Geldbörse.

Quelle: KaiannEntar (Pseudonym von Helge Blohmer), Internet, www.knobelforum.de, 15. Juli 2004. – Eine Lösung wird nicht angegeben.

90. Ein magischer Würfel

An einer Würfelecke treffen immer drei Kanten zusammen. Die Summe der Zahlen auf diesen drei Kanten wird als Eckensumme dieser Ecke bezeichnet. Ist die Eckensumme aller acht Ecken gleich groß, nennt man sie auch die magische Konstante des Würfels.

Die Summe der Zahlen von 1 bis 13 beträgt 91. Eine dieser 13 Zahlen, die wir mit n bezeichnen, wird nicht verwendet, so dass die Summe der auf den Kanten stehenden Zahlen $91 - n$ beträgt. Jede Kante gehört zu zwei Ecken, somit addieren sich alle Eckensummen zu $2(91 - n)$ auf. Weil ein Würfel acht Ecken hat, beträgt die magische Konstante:

$$M = \frac{2(91 - n)}{8}$$

$$M = \frac{91 - n}{4}$$

Diese Gleichung hat nur für $n = 3, 7$ und 11 ganzzahlige Lösungen, nämlich $M = 22, 21$ und 20.

Für jeden dieser drei Fälle lassen sich auch magische Würfel finden.

ohne 3

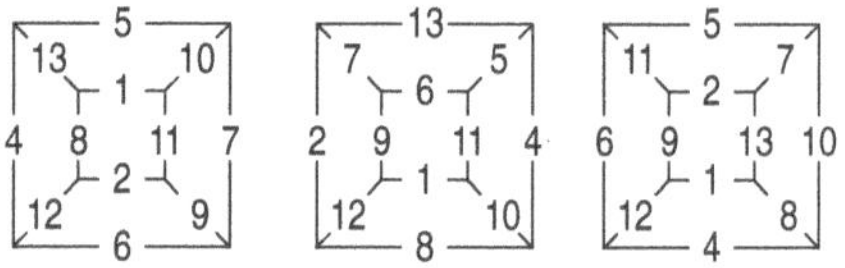

5
13 1 10
4 8 11 7
12 2 9
6

13
7 6 5
2 9 11 4
12 1 10
8

5
11 2 7
6 9 13 10
12 1 8
4

ohne 7

13
3 10 2
5 8 9 6
12 1 11
4

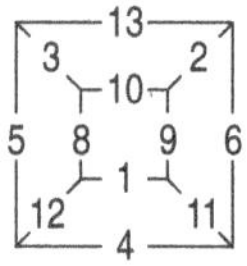

ohne 11

13
5 8 3
2 7 9 4
12 1 10
6

10
8 7 9
2 5 4 1
12 3 13
6

8
9 4 10
3 7 6 2
12 1 13
5

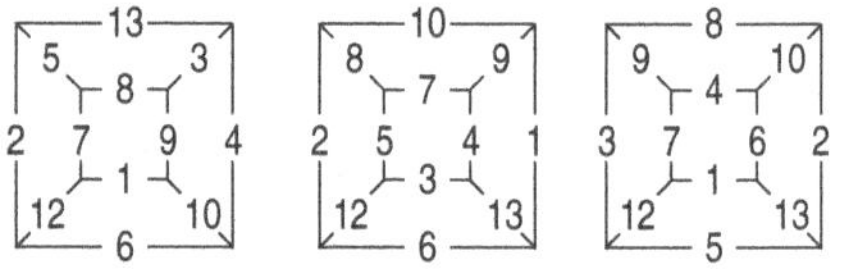

Zählt man Lösungen, die durch Drehungen und Spiegelungen der Würfel ineinander übergehen, nicht als unterschiedlich, gibt es für $n = 3$ und für $n = 11$ jeweils drei Lösungen und für $n = 7$ nur eine einzige Lösung.

Quelle: Rompi (Pseudonym von Volker Wagner), Internet, www.knobelforum.de, 10. November 2004. – Eine Lösung wird nicht angegeben. – Stephen Ainley stellt die Aufgabe mit der zusätzlichen Bedingung, dass auch für jede Fläche die Summe der Zahlen auf den umschließenden Kanten jeweils gleich sein muss. Dadurch erhält er als eindeutige Lösung den Fall »ohne 7«. – Stephen Ainley, Mathematical Puzzles, London 1977, S. 77, 80-81.

91. Endziffern von Quadratzahlen

Quadriert man eine Zahl N, werden die letzten i Ziffern von N^2 auch nur von den letzten i Ziffern von N gebildet. Darum kann man die Lösung Ziffer für Ziffer, von rechts beginnend, bilden.

Soll die Quadratzahl N^2 mit der Ziffer 1 enden, muss die letzte Ziffer von N eine 1 oder eine 9 sein. Dies bekommt man sehr schnell heraus, indem man alle zehn Ziffern quadriert.

Betrachten wir zunächst nur die Endziffer 1. Untersucht man nun die zehn zweistelligen, auf 1 endenden Zahlen, findet man darunter zwei, deren Quadrate auf 21 enden, nämlich die Zahlen mit den Endziffern 11 und 61.

Nehmen wir nun eine dritte Ziffer hinzu und untersuchen die jeweils zehn dreistelligen Zahlen, die auf 11 und 61 enden. Wir finden dabei vier mögliche Endzifferntrios, deren Quadrate auf 321 enden: 611, 111, 361 und 861.

Nun versuchen wir mit einer vierten Ziffer daraus Zahlen

zu bilden, deren Quadrate auf 4321 enden. Dies gelingt nur bei den Endziffern 111 und 361, nicht jedoch bei 611 und 861.

Nach diesem Verfahren gehen wir weiter vor und finden schließlich vier Endziffernkombinationen, deren Quadrate auf 0987654321 enden.

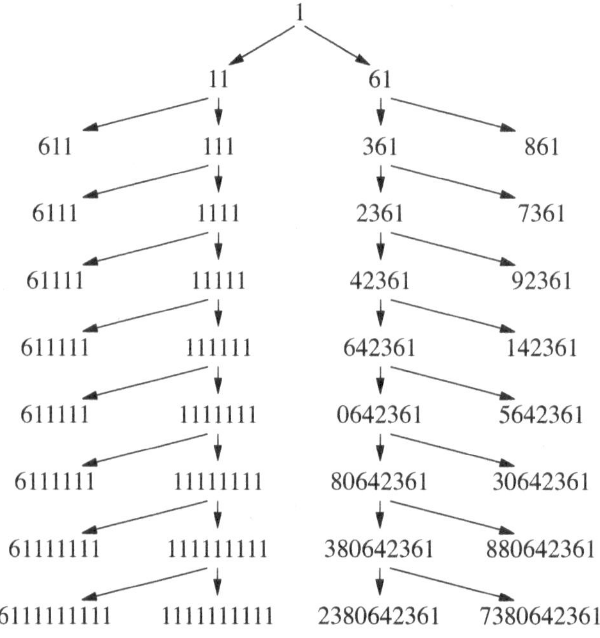

Das gleiche Verfahren führen wir ebenfalls mit der Endziffer 9 durch. Auch in diesem Fall findet man vier Endzifferngruppen.

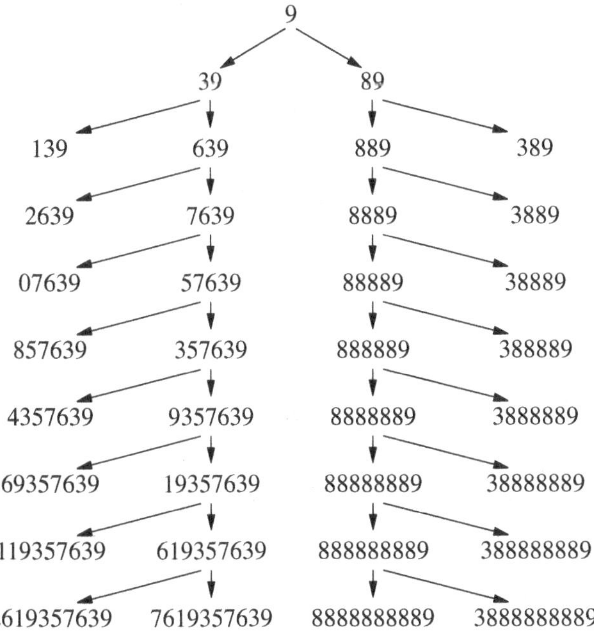

Die acht kleinsten Quadratzahlen, die auf 0987654321 enden, sind also:

$$
\begin{aligned}
1111111111^2 &= 1234567900987654321\\
2380642361^2 &= 5667458050987654321\\
2619357639^2 &= 6861034440987654321\\
3888888889^2 &= 15123456790987654321\\
6111111111^2 &= 37345679010987654321\\
7380642361^2 &= 54473881660987654321\\
7619357639^2 &= 58054610830987654321\\
8888888889^2 &= 79012345680987654321
\end{aligned}
$$

Daraus kann man noch unendlich viele weitere Lösungen erzeugen, indem man diese Zahlen am linken Ende um eine beliebige Ziffernfolge verlängert. Zum Beispiel:

$$1955111111111^2 = 3822459456790080000987654321$$

Quelle: Georges Philippe, Internet, www.knobelforum.de, 10. Oktober 2004. – Eine Lösung wird nicht angegeben.

92. Torusfärbung

Die Abbildung zeigt eine Lösung. Der Torus ist der Einfachheit halber aufgeschnitten und in der Ebene ausgebreitet worden. Diese Lösung ist recht leicht zu finden, wenn man die Färbung mit dem komplett weißen und dem komplett schwarzen 2 × 2-Quadrat beginnt.

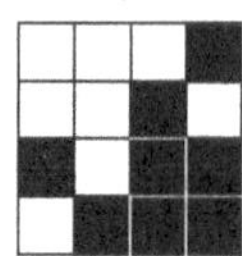

Natürlich hätte man den Torus auch entlang jeder anderen senkrechten und jeder anderen waagerechten Linie aufschneiden können. Dadurch würde zwar das ebene Schachbrett anders aussehen, aber es wäre keine andere Lösung. Zählt man außerdem Muster, die durch Spiegelung und Drehung ineinander übergehen, nicht als verschieden, hat das Problem nur diese eine Lösung.

Quelle: Yaacov Yoseph Weiss in: Ken Duisenberg, Internet, http://ken.duisenberg.com/potw/, 3. November 2006.

93. Fakultäten

Damit $n! = 1 \cdot 2 \cdot 3 \cdot \ldots \cdot n$ durch n^2 teilbar ist, muss $n!$ den Faktor n mindestens zweimal enthalten. Der eine Faktor n ist die letzte Zahl von $n! = 1 \cdot 2 \cdot 3 \cdot \ldots \cdot n$. Da alle anderen Zahlen von $n!$ kleiner sind als n, muss sich der zweite Faktor n aus einigen der ersten $n - 1$ Zahlen von $n!$ zusammensetzen. Es gilt also $n = a \cdot b$.

Für alle natürlichen Zahlen n, außer für 1, für die Primzahlen und für die Quadrate von Primzahlen, gibt es zwei verschiedene Zahlen a und b, die beide kleiner sind als n und darum Faktoren von $n!$ sind. Somit kann man $n!$ aller dieser Zahlen durch n^2 ohne Rest teilen.

Betrachten wir die drei Ausnahmen nun etwas genauer. Für $n = 1$ gilt $1! = 1$, und 1 ist durch $1^2 = 1$ teilbar.

Ist n eine Primzahl, ist nur die Zerlegung $n = 1 \cdot n$ möglich. Folglich enthalten die Fakultäten von Primzahlen den Faktor n nur ein einziges Mal und sind somit nicht durch n^2 teilbar.

Ist n das Quadrat einer Primzahl p, ist nur eine einzige Zerlegung in zwei Faktoren möglich, die beide kleiner als n sind: $n = p \cdot p$. Deshalb kann man die obige Argumentation hier nicht anwenden. Betrachten wir darum die Zahlen einmal einzeln. Die kleinste Primzahl ist 2 und somit das kleinste Quadrat einer Primzahl $n = 4$. Die Zahl $4! = 24$ ist nicht durch $4^2 = 16$ teilbar.

In den Fakultäten aller Quadrate größerer Primzahlen $n! = p^2!$ treten hingegen die Faktoren p, $2p$ und p^2 auf, womit $n!$ auf jeden Fall durch n^2 teilbar ist.

Die einzigen Zahlen *n*, für die sich *n*! nicht ohne Rest durch n^2 teilen lässt, sind also alle Primzahlen und die Zahl 4.

Quelle: Rompi (Pseudonym von Volker Wagner), Internet, www.knobelforum.de, 20. Februar 2010. – Eine Lösung wird nicht angegeben.

94. Das Divisionsskelett

Die Zahl in der zweiten Zeile ist das Produkt aus dem Divisor und der ersten Ziffer des Quotienten. Da sie dreistellig ist, muss die Anfangsziffer des Dividenden eine 1 sein. Aus dem gleichen Grund muss auch die Zahl in der fünften Zeile mit einer 1 beginnen. Die Periode des Quotienten beginnt nach dem Komma und ist achtstellig. Weil nun die Zahl aus der vierten Zeile mit einer 1 beginnt, muss der Rest in der letzten Zeile auch wieder eine 1 sein.

```
1§§§ : §§§ = §§,§§§§§§§§
 §§§
----
 §§§§
 §§§§
 ----
    1§§§
     §§§
    ----
      §§§
      §§§
      ---
      §§§§
      §§§§
      ----
       §§§§
       §§§§
       ----
          §§§
          §§§
          ---
           §§§
           §§§
           ---
             1
```

Dies erlaubt uns, bei der Rechnung zunächst einmal nur die Nachkommastellen des Quotienten zu betrachten.

$$1 : §§§ = 0,\overline{§§§§§§§§}$$

Die acht sich periodisch wiederholenden Ziffern bedeuten, dass man den Quotienten auch als

$$\frac{1}{§§§} = \frac{§§§§§§§§}{99999999}$$

oder als

$$99999999 = §§§ \cdot §§§§§§§§$$

schreiben kann.

99999999 lässt sich in Primfaktoren zerlegen.

$$3 \cdot 3 \cdot 11 \cdot 73 \cdot 101 \cdot 137 = §§§ \cdot §§§§§§§§$$

Daraus folgt, dass der dreistellige Divisor nur 101, 137, $3 \cdot 73 = 219$, $3 \cdot 101 = 303$, $3 \cdot 137 = 411$, $9 \cdot 73 = 657$, $11 \cdot 73 = 803$ oder $3 \cdot 3 \cdot 101 = 909$ sein kann.

In der fünften bis siebten Zeile sieht man, dass die Differenz eines dreistelligen Vielfachen des Divisors und der vierstelligen Zahl 1§§§ zweistellig ist. Also muss dieses Vielfache des Divisors mit 9 beginnen. Der Divisor kann folglich nicht 219, 411, 657 oder 803 sein.

Bei der vierten Teildivision (siebte und achte Zeile) ergäben die Divisoren 101 und 909 einen höchstens zweistelligen Rest. Der Rest ist aber dreistellig (neunte Zeile). Somit scheiden auch 101 und 909 aus.

Ab der fünften Zeile wird vom Dividenden jeweils eine 0

heruntergeholt. Das heißt, die letzte Ziffer der fünften, siebten, neunten, elften, dreizehnten und fünfzehnten Zeile ist immer eine 0. Beginnen wir nun von unten. Aus §§ 0 – §§§ = 1 folgt, dass §§§ auf 9 enden muss. Das einzige solche Vielfache von 303 ist 909. Dadurch ergibt sich §§ 0 = 910, und der vorletzte Rest ist 91. Die gleiche Methode liefert für §§ 0 – §§§ = 91 wieder 909 als Vielfaches und ergibt somit §§ 0 = 1000. Das ist aber ein Widerspruch, und folglich scheidet 303 als Divisor aus.

Der Divisor muss also 137 sein. Daraus ergibt sich

$$\frac{99999999}{137} = 729927 .$$

Betrachten wir nun wieder die ursprüngliche Division. Die acht Nachkommastellen des Quotienten sind also 00729927.

Die erste Ziffer des Quotienten muss eine 7 sein, da 7 · 137 noch kleiner als 1000, 8 · 137 aber schon größer als 1000 ist.

Die zweite Ziffer lässt sich nicht eindeutig festlegen. Es kommen dafür 8 oder 9 in Frage. Diese führen dann zu den beiden Dividenden 10687 und 10824.

Die beiden Lösungen sind also

$$10687 : 137 = 78{,}\overline{00729927}$$

und

$$10824 : 137 = 79{,}\overline{00729927} .$$

Quelle: Aufgabe: Harry Langman, American Mathematical Monthly 71, Mai 1964, S. 553-554. – Lösung: Burnett R. Toskey, American Mathematical Monthly 72, Mai 1965, S. 545-546.

95. Die Zahlenreihe

Sagt man das Alphabet auf, so spricht man die einzelnen Buchstaben als ganze Wörter aus. Die Reihe aus der Aufgabe ist die Anzahl der Buchstaben dieser Buchstabenwörter.

a be ce de e ef ge ha i jot ka el em en o pe qu er es te u
1 2 2 2 1 2 2 2 1 3 2 2 2 2 1 2 2 2 2 2 1
vau we ix ypsilon zet
3 2 2 7 3

Die beiden noch fehlenden Buchstabenwörter Ypsilon und Zet haben die Längen 7 und 3.

Quelle: Sbodeschuh (Pseudonym für Sonja Bode-Schuhmann), Internet, www.knobelforum.de, 20. Februar 2005. – Eine Lösung wird nicht angegeben.

96. Ein Gerade-Ungerade-Kryptogramm

Der größtmögliche mit 1 beginnende Multiplikator der Form UGG ist 188. Da $188 \times 8 = 1504$ ist, aber die dritte Zeile der Multiplikation mit einer geraden Ziffer anfängt, kann der Multiplikator nicht mit 1 beginnen. Außerdem ist das Produkt des Multiplikators mit der Zehnerstelle des Multiplikanden eine dreistellige Zahl. Dies ist nur möglich, wenn der Multiplikator mit 3 und der Multiplikand mit 2 beginnt.

```
3GG × 2G
--------
     GUG
    GUGG
--------
    UUGG
```

Die einzigen Werte von 3GG, die bei der Multiplikation mit 2 einen Ausdruck der Form GUG ergeben, sind 306, 308, 326, 328, 346 und 348. Multipliziert man diese Zahlen mit 4 oder 6, erhält man in keinem Fall eine Zahl der Form GUGG. Bei der Multiplikation mit 8 hingegen liefern die Werte 346 und 348 ein Produkt der Form GUGG.

Durch eine vollständige Überprüfung der Rechnung scheidet 346 aus, und es bleibt nur eine einzige Lösung.

$$\begin{array}{r} \underline{348 \times 28} \\ 696 \\ \underline{2784} \\ 9744 \end{array}$$

Quelle: W. Fitch Cheney in: Charles W. Trigg, Mathematical Quickies, New York 1967, S. 61, 182.

97. Zwillingszahlquadrate

Eine $2n$-stellige Zwillingszahl hat die Form $a \cdot 10^n + a$, wobei a die Zahl ist, die vom vorderen und vom hinteren Zwilling gebildet wird. Die Zahl a muss n-stellig sein, das bedeutet $10^{n-1} \leq a < 10^n$. Die Zwillingszahl lässt sich zu $a(10^n + 1)$ umformen.

Zerlegt man eine Quadratzahl in ihre Primfaktoren, taucht jeder einzelne Faktor geradzahlig häufig auf, also zweifach oder vierfach oder sechsfach usw. So sind beispielsweise von der Quadratzahl 3600 die Primfaktoren $2^4 \cdot 3^2 \cdot 5^2$.

Damit nun eine Zwillingszahl auch eine Quadratzahl ist, muss es von jedem Primfaktor von $a(10^n + 1)$ eine gerade Anzahl geben. Das bedeutet, die Primfaktoren von $10^n + 1$, die nur einfach sind, müssen auch in a auftauchen. Es ist aber nicht möglich, dass alle Primfaktoren von $10^n + 1$ nur einfach auftauchen, denn dann müssten sie auch noch einmal alle in a vorkommen, und a wäre nicht kleiner als 10^n. Somit muss mindestens ein Primfaktor von $10^n + 1$ mindestens doppelt auftreten.

Die kleinste Zahl der Form $10^n + 1$ mit einem doppelten Primfaktor ist $10^{11} + 1$.

$$10^{11} + 1 = 100000000001 = 11^2 \cdot 23 \cdot 4093 \cdot 8779$$

Die drei Faktoren 23, 4093 und 8779 müssen also auch noch einmal in a vorkommen. Ihr Produkt beträgt jedoch nur 826446281. Da a aber mindestens 10000000000 und höchstens 99999999999 sein muss, ist dieser Wert um einen Faktor 12,099... bis 120,99... zu klein. Also muss man 826446281 noch mit einer Quadratzahl aus diesem Intervall multiplizieren. Die kleinste hierfür in Frage kommende Zahl ist $4^2 = 2^4 = 16$.

Somit beträgt a des kleinsten Zwillingszahlquadrates

$$2^4 \cdot 23 \cdot 4093 \cdot 8779 = 13223140496\,,$$

und das kleinste Zwillingsquadrat selbst ist

$$\begin{aligned} 2^4 \cdot 11^2 \cdot 23^2 \cdot 4093^2 \cdot 8779^2 &= 36363636364^2 \\ &= 13223140496\,13223140496\,. \end{aligned}$$

Mit den sechs anderen Quadratzahlen $5^2 = 25$, $6^2 = 2^2 \cdot 3^2 = 36$, $7^2 = 49$, $8^2 = 2^6 = 64$, $9^2 = 3^4 = 81$ und $10^2 = 2^2 \cdot 5^2 = 100$ erhält man die nächstgrößeren Zwillingszahlquadrate.

$$2^4 \cdot 11^2 \cdot 23^2 \cdot 4093^2 \cdot 8779^2 = 36363636364^2$$
$$= 13223140496\ 13223140496$$
$$5^2 \cdot 11^2 \cdot 23^2 \cdot 4093^2 \cdot 8779^2 = 45454545455^2$$
$$= 20661157025\ 20661157025$$
$$2^2 \cdot 3^2 \cdot 11^2 \cdot 23^2 \cdot 4093^2 \cdot 8779^2 = 54545454546^2$$
$$= 29752066116\ 29752066116$$
$$7^2 \cdot 11^2 \cdot 23^2 \cdot 4093^2 \cdot 8779^2 = 63636363637^2$$
$$= 40495867769\ 40495867769$$
$$2^6 \cdot 11^2 \cdot 23^2 \cdot 4093^2 \cdot 8779^2 = 72727272728^2$$
$$= 52892561984\ 52892561984$$
$$3^4 \cdot 11^2 \cdot 23^2 \cdot 4093^2 \cdot 8779^2 = 81818181819^2$$
$$= 66942148761\ 66942148761$$
$$2^2 \cdot 5^2 \cdot 11^2 \cdot 23^2 \cdot 4093^2 \cdot 8779^2 = 90909090910^2$$
$$= 82644628100\ 82644628100$$

Weitere Zwillingszahlquadrate lassen sich nicht mit dem Faktor $10^{11} + 1$ erzeugen. Erst $10^{21} + 1$ hat wieder einen Primfaktor, der mehr als einmal vorkommt.

$$10^{21} + 1 = 7^2 \cdot 11 \cdot 13 \cdot 127 \cdot 2689 \cdot 459691 \cdot 909091$$

Daraus ergeben sich die folgenden vier Zwillingszahlquadrate:

183673469387755102041 183673469387755102041
326530612244897959184 326530612244897959184
510204081632653061225 510204081632653061225
734693877551020408164 734693877551020408164

Quelle: Aufgabe: Emory P. Starke, National Mathematics Magazine 16, November 1941, S. 108. – Lösung: Emory P. Starke, National Mathematics Magazine 16, Mai 1942, S. 409.

98. Der Holzwurm und die Würfel

Betrachten wir der Einfachheit halber zunächst einmal nur eine zweidimensionale Version des Problems. Ein Holzwurm bohrt entlang einer Diagonalen ein Loch durch ein Rechteck, das aus $I \times J$ Quadraten zusammengesetzt ist. Wie viele Quadrate zerstört er dabei?

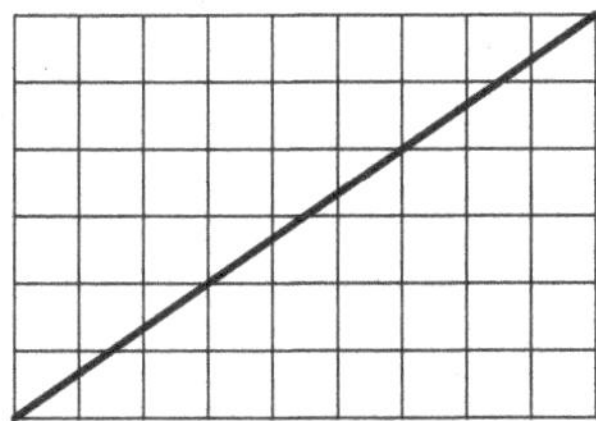

Jedes Mal, wenn die Diagonale eine horizontale oder eine vertikale Linie schneidet, verlässt sie ein zerstörtes Quadrat. Es gibt insgesamt $I + J + 2$ Linien, die auch alle, bis auf zwei, nämlich den unteren und den linken Rand, geschnitten werden. Somit zerstört die Diagonale $I + J$ Quadrate. Diese Rechnung ist aber noch nicht ganz richtig. Läuft die Diagonale durch einen Kreuzungspunkt, schneidet sie gleichzeitig zwei Linien, verlässt aber nur ein zerstörtes Quadrat. Für jede durchlaufene Kreuzung muss also wieder ein Quadrat von der Rechnung abgezogen werden. Wie viele durchlaufene Kreuzungen gibt es?

Die Diagonale läuft immer dann durch eine Kreuzung der horizonalen Linie i und der vertikalen Linie j, wenn $i/j = I/J$ ist. Somit ist die Anzahl der durchlaufenen Kreuzungen der größte gemeinsame Teiler (ggT) von I und J. Die Diagonale zerstört folglich $I + J - \text{ggT}(I,J)$ Quadrate.

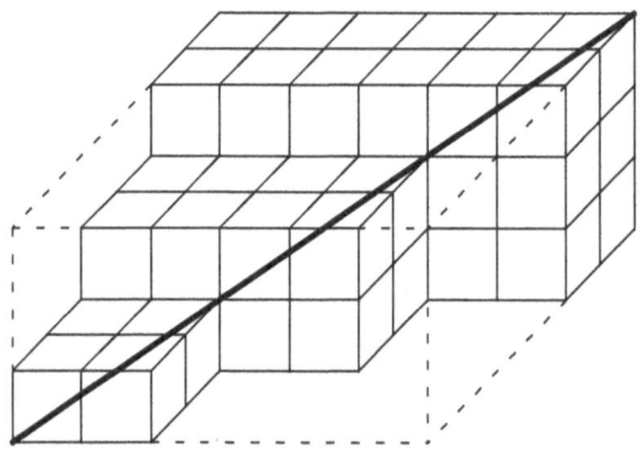

Im dreidimensionalen Fall ist es etwas komplizierter. Ist der Quader I Würfel lang, J Würfel breit und K Würfel hoch, läuft eine Raumdiagonale auch durch I, J und K Trennflächen, die parallel zur Seiten-, zur Vorder- oder zur Grundfläche liegen. Insgesamt würde sie also $I + J + K$ Würfel zerstören. Allerdings muss für jeden Fall, in dem die Raumdiagonale gleichzeitig zwei Trennflächen durchstößt, dieses Ergebnis um 1 verringert werden. Da es drei Kombinationen von Flächenorientierungen gibt, müssen $\mathrm{ggT}(I,J)$, $\mathrm{ggT}(I,K)$ und $\mathrm{ggT}(J,K)$ abgezogen werden. Nun kann es allerdings vorkommen, dass die Raumdiagonale gleichzeitig in allen drei Raumrichtungen Trennflächen durchstößt. Von diesen Fällen gibt es insgesamt $\mathrm{ggT}(I,J,K)$. Sie sind dreimal abgezogen worden und deshalb komplett verschwunden. Da sie aber berücksichtigt werden müssen, werden sie wieder einmal hinzugezählt. Insgesamt zerstört die Raumdiagonale also

$$N = I + J + K - \mathrm{ggT}(I,J) - \mathrm{ggT}(I,K) - \mathrm{ggT}(J,K) + \mathrm{ggT}(I,J,K)$$

Würfel.

Setzt man in diese Gleichung die Zahlen aus der Aufgabe

ein, ergibt sich, dass der Holzwurm insgesamt 98 Würfel durchbohrt.

Quelle: Aufgabe: Ulrich Voigt, Internet, de.rec.denksport, August 2001. – Lösung: Stephan Hohe, Internet, de.rec.denksport, August 2001.

99. Die Kugelschachtel

Bei der kleinstmöglichen würfelförmigen Schachtel wird das erste Kugelpaar entlang einer Diagonalen auf den Boden gelegt. Das zweite Kugelpaar wird danach über Kreuz auf das erste Paar gesetzt. Die Mittelpunkte der vier Kugeln liegen somit auf den Ecken eines regelmäßigen Tetraeders.

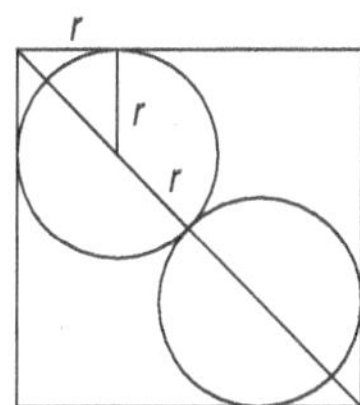

Betrachtet man die Projektion der beiden unteren Kugeln auf den Schachtelboden, erkennt man, dass die Kreismittelpunkte von den Quadratecken $r\sqrt{2}$ entfernt sind. Die Diagonale des Quadrats hat folglich die Länge $2(r + r\sqrt{2})$. Daraus ergibt sich als Seitenlänge des Quadrats

$$a = r\left(2 + \sqrt{2}\right) \approx 3{,}4142r\,.$$

Da die vier Kugeln völlig symmetrisch in der Schachtel liegen, sieht die Projektion der Kugeln auf jede der sechs Seiten völlig gleich aus. Folglich braucht man die anderen fünf Seiten nicht mehr zu untersuchen.

Da die vier Kugeln alle einen Radius von 10 cm haben, muss die Schachtel mindestens eine Kantenlänge von etwa 34,142 cm besitzen.

Quelle: David Wells, The Penguin Book of Curious and Interesting Puzzles, London 1992, S. 133, 311-312.

100. Magische Fünfecke

Die Summe der drei Zahlen auf jeder Seite des Fünfecks, die stets den gleichen Wert ergeben soll, wird magische Konstante M genannt. Da die Eckfelder zu jeweils zwei Seiten und die Seitenmitten nur zu einer Seite gehören, beträgt die magische Konstante

$$M = \frac{2(a_1 + a_2 + a_3 + a_4 + a_5) + b_1 + b_2 + b_3 + b_4 + b_5}{5}.$$

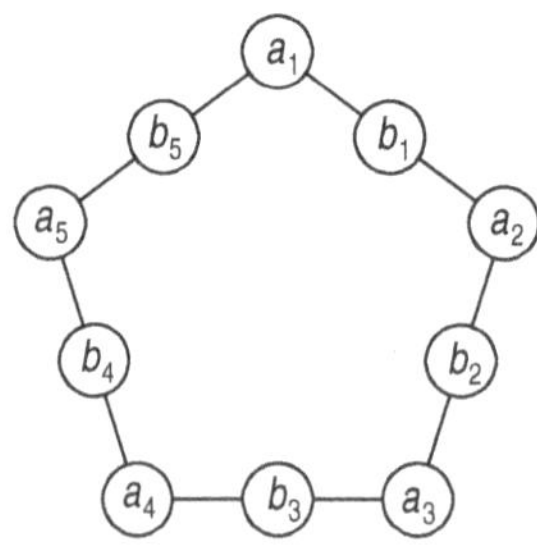

Die kleinstmögliche magische Konstante erhält man, wenn man die Zahlen von 6 bis 10 auf die Seitenmitten, und die größtmögliche, wenn man sie auf die Ecken setzt. Die möglichen magischen Konstanten sind somit 14, 15, 16, 17, 18 und 19.

Beginnen wir mit der magischen Konstante $M = 14$. Es gibt insgesamt acht Tripel mit Eckzahlen von 1 bis 5 und Mittenzahlen von 6 bis 10, deren Summe 14 beträgt. Diese sind (1, 10, 3), (1, 9, 4), (2, 9, 3), (1, 8, 5), (2, 8, 4), (2, 7, 5), (3, 7, 4) und (3, 6, 5). Die 6 und die 10 kommen beide nur in jeweils einem Tripel vor, nämlich in (3, 6, 5) und (1, 10, 3), deshalb müssen diese auf jeden Fall in dem magischen Fünfeck vorkommen. Beide Tripel enthalten die 3. Folglich bilden diese beiden Tripel benachbarte Seiten, auf deren gemeinsamer Ecke die 3 steht. Damit können die beiden Tripel (2, 9, 3) und (3, 7, 4), die auch die 3 enthalten, nicht im magischen Fünfeck vorkommen.

Die 7 kommt nun nur noch in dem Tripel (2, 7, 5) vor. Es muss deshalb mit seiner Eckzahl 5 an die bereits mit einer 5 besetzten Ecke anschließen. Damit liegt jetzt auch eindeutig fest, welche Tripel auf den beiden letzten Seiten stehen müssen.

Es gibt folglich, abgesehen von Drehungen und Spiegelungen, nur ein einziges magisches Fünfeck mit der magischen Konstante 14.

Mit ganz ähnlichen Überlegungen kann man feststellen, dass es für $M = 15$ kein einziges magisches Fünfeck und für $M = 16$ zwei Fünfecke gibt.

Ersetzt man in den Lösungen für $M = 14$ und $M = 16$ jede Zahl n durch die Zahl $11 - n$, kommen wieder alle Zahlen von 1 bis 10 in den Fünfecken vor. Da die Summe der drei Zahlen auf einer Seite eines der ursprünglichen magischen Fünfecke

$$n_1 + n_2 + n_3 = M$$

beträgt, ergibt sie für die neuen Fünfecke

$$(11 - n_1) + (11 - n_2) + (11 - n_3) = \mathrm{M} - (n_1 + n_2 + n_3)$$
$$= 33 - M\,.$$

Die neuen Fünfecke sind also auch magisch und haben die magische Konstante 33 – *M*.

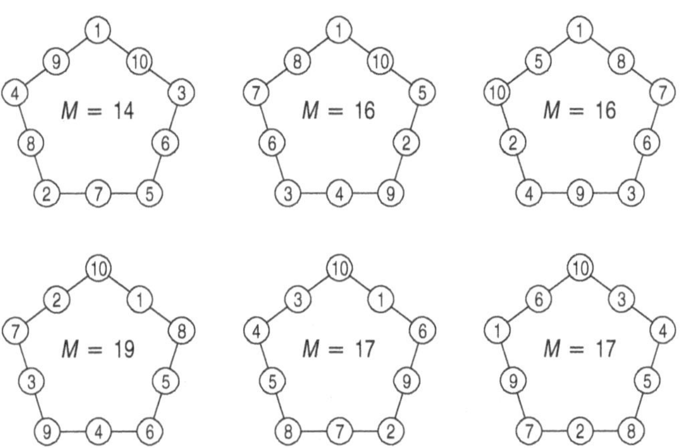

Nun kann man aus den magischen Fünfecken für $M = 14$ und $M = 16$ die magischen Fünfecke für $M = 19$ und $M = 17$ erzeugen. Da kein magisches Fünfeck für $M = 15$ existiert, kann es auch keines für $M = 18$ geben.

Quelle: Terrel Trotter jun., Journal of Recreational Mathematics 7, Winter 1974, S. 14-20. Trotter gibt die Lösung für $M = 14$ und die erste Lösung für $M = 16$. Außerdem schreibt er, dass es nur für $M = 15$ und $M = 18$ keine Lösungen gibt. – Harvey D. Heinz, Internet, www.magic-squares.net/perimeter-2.htm, 19. Oktober 2006. Heinz gibt alle Anzahlen der Lösungen an.